REVISTA PESSOAL DE EMPREGADO

EXERCÍCIO — LIMITE — ABUSO

CB063848

ANTONIO CARLOS PAULA DE OLIVEIRA

*Mestre em Direito Privado pela Universidade Federal da Bahia.
Advogado. Professor da Faculdade Baiana de Direito.*

REVISTA PESSOAL DE EMPREGADO

EXERCÍCIO — LIMITE — ABUSO

EDITORA LTDA.

Rua Jaguaribe, 571
CEP 01224-001
São Paulo, SP — Brasil
Fone (11) 2167-1101

LTr 4361.8
Novembro, 2011

Visite nosso site
www.ltr.com.br

Dados Internacionais de Catalogação na Publicação (CIP)
(Câmara Brasileira do Livro, SP, Brasil)

Oliveira, Antonio Carlos Paula de
  Revista pessoal de empregado : exercício, limite, abuso / Antonio Carlos Paula de Oliveira. — São Paulo : LTr, 2011.

  Bibliografia.
  ISBN 978-85-361-1958-8

  1. Abuso do direito 2. Dano moral 3. Dignidade humana 4. Direito à intimidade 5. Direito de propriedade 6. Direito do trabalho 7. Direitos fundamentais 8. Relações de trabalho 9. Relações sociais 10. Revista íntima 11. Revista pessoal I. Título.

11-07582   CDU-342.7:331

Índices para catálogo sistemático:

1. Revista íntima como cláusula restritiva de
   direitos fundamentais : Direitos fundamentais
   nas relações de trabalho : Direito do trabalho
   342.7:331

Chegou o momento de agradecer, tarefa, aliás, das mais espinhosas pelos riscos que eventual omissão pode acarretar. Queria fazê-lo, inicialmente, na pessoa de minha mulher Carol, que, por ser da área jurídica, não só me apoiou, como fez críticas construtivas ao meu pensamento. Sem as suas ideias e o seu carinho esta obra não teria sido concluída. Aos meus amados filhos, Bruna e Bernardo, que compreenderam as ausências momentâneas do pai e, ainda assim, após elas, me receberam em casa com afagos e sorrisos. Aos meus pais e meus irmãos, pelo companheirismo e exemplo que me dão todos os dias. Ao meu incentivador maior, professor e amigo Rodolfo Pamplona Filho, que me instou a concluir essa obra.

SUMÁRIO

Prefácio 9

Nota do autor... 11

Introdução 13

1. Do abuso do direito 17
   1.1. Conceito 17
   1.2. Etiologia histórica do abuso do direito 17
       1.2.1. Sistematização da teoria do abuso do direito 20
   1.3. Exercício inadmissível de posições jurídicas — Menezes Cordeiro 26
   1.4. Abuso do direito nos diplomas legais 30
       1.4.1. Das leis brasileiras anteriores ao Código Civil de 2002 31
           1.4.1.1. Da Legislação civil 31
           1.4.1.2. Da Constituição Federal de 1988 32
       1.4.2. Código Civil de 2002 — Consagração 34
   1.5. Do abuso de direitos nas relações de emprego 37
2. Dos direitos fundamentais 41
   2.1. Definição do que seja direito fundamental 41
   2.2. Direitos fundamentais e dignidade da pessoa humana 45
   2.3. Dos direitos fundamentais — Incidência nas relações privadas 50
       2.3.1. Técnica da ponderação de interesses — Dialeticidade e unicidade do sistema constitucional 59
       2.3.2. Ponderação da dignidade da pessoa humana 64
   2.4. Abuso de direitos fundamentais 67
   2.5. Dos direitos fundamentais nas relações de emprego — Subordinação jurídica e poder diretivo do empregador 72
3. Da intimidade e da vida privada — Direitos de personalidade 81
   3.1. Dos direitos de personalidade — Conceito e natureza jurídica 81

3.2. Da intimidade e da vida privada 84
    3.2.1. Da tutela jurídica à intimidade e à vida privada 85
3.3. Da disponibilidade dos direitos de personalidade 89
3.4. Do direito à intimidade e à vida privada nas relações de emprego 91
    3.4.1. Da evolução das formas de trabalho e os avanços tecnológicos ... 91
    3.4.2. Do direito à intimidade e à vida privada do empregado 94
    3.4.3. Intimidade e vida privada do empregado diante da subordinação e do poder diretivo do empregador — Disponibilidade 95

4. Do direito de propriedade do empregador — Função social 99
    4.1. Introdução 99
    4.2. Natureza jurídica da propriedade 100
    4.3. A (r)evolução histórica da propriedade 101
    4.4. Da função social atrelada à função econômica — Noção superada 102
    4.5. Concepção moderna do pensar social no direito de propriedade 105
    4.6. Ideia prevalecente de função social da propriedade 106
    4.7. Função social da propriedade em nosso ordenamento jurídico 108
    4.8. Função social e econômica da propriedade do empregador — Função social da empresa 110
    4.9. Direitos da personalidade das pessoas jurídicas — Honra e imagem da empresa 115

5. Exercício abusivo do direito à intimidade pelo empregado no caso da revista pessoal 118
    5.1. Ponderação dos interesses em colisão — Dos princípios da razoabilidade e da proporcionalidade 118
    5.2. Revista pessoal de empregado — Critérios para sua realização 121
    5.3. Abuso do direito à intimidade nas revistas pessoais 128
    5.4. Da jurisprudência a respeito do tema 130

Conclusão 137

Referências 145

PREFÁCIO

Conheço o Prof. Antonio Carlos de Oliveira há muito tempo, mais anos do que a idade da maioria dos nossos alunos hoje.

Somos contemporâneos da última geração que foi adolescente ainda no regime militar.

Embora conhecidos por termos amigos comuns, eu ainda não partilhava de intimidade suficiente para ter a honra de incluí-lo no meu rol de amigos.

Todavia, a militância na área trabalhista concedeu-me o privilégio de uma aproximação maior, gerando um respeito e admiração que penso recíprocos, despertando, aí, sim, para minha honra, o sentimento da amizade.

Tornei-me amigo de "Guga", como ele é conhecido por todos aqueles que realmente convivem com ele.

Esta amizade, porém, não nublou o meu juízo quando tive o imenso prazer de avaliá-lo, perante rígida banca examinadora composta ainda pelos Professores Doutores Jonhson Meira Santos e Nelson Mannrich, na defesa pública de sua dissertação de mestrado, no Programa de Pós-Graduação em Direito da UFBA — Universidade Federal da Bahia.

Sua segura defesa de pontos extremamente controversos do tema abordado garantiu-lhe a nota máxima e a recomendação de publicação.

Naquela oportunidade, estimulei-o a transformar o trabalho acadêmico em um alentado livro, pelo enorme potencial que via naquele texto.

É justamente este trabalho que ora vem a lume pela LTr Editora, tendo tudo para se tornar uma referência nacional no tema.

Com efeito, iniciei este prefácio fazendo referência ao nosso período de adolescência, em que se vislumbrava ainda resquícios do autoritarismo de outrora com o deslumbramento natural com a chegada da liberdade democrática.

E é este choque que é essencial para a devida compreensão do tema da revista dos empregados.

De fato, partindo da compreensão teórica do tema do abuso de direito e do recordar dogmático da tutela jurídica dos direitos fundamentais, o autor descortina o tema da intimidade e da vida privada, tanto no âmbito geral, quanto na seara específica da relação de emprego, para, compreendendo a função social do direito de propriedade, diagnosticar pontos onde haja o exercício abusivo do direito à intimidade no caso da revista pessoal.

É o outro lado da moeda da concepção que se constata habitualmente nos pretórios trabalhistas.

E, mesmo não concordando com muitas das conclusões apresentadas, não tenho a menor dúvida de que se trata de uma tese profundamente fundamentada, que merece todo o meu respeito pessoal e intelectual.

É por isso que recomendo pessoalmente a leitura deste texto do meu amigo Prof. Antonio Carlos de Oliveira, jurista que honra o importante nome que tem (sucedendo um dos mais sensacionais homônimos que a Justiça do Trabalho jamais conheceu) e que é orgulho para a advocacia e para o magistério superior baiano.

Rodolfo Pamplona Filho

Juiz Titular da 1ª Vara do Trabalho de Salvador/BA (Tribunal Regional do Trabalho da Quinta Região). Professor Titular de Direito Civil e Direito Processual do Trabalho da Universidade Salvador — UNIFACS. Professor Adjunto da Graduação e Pós-Graduação em Direito (Mestrado e Doutorado) da Faculdade de Direito da UFBA — Universidade Federal da Bahia. Coordenador do curso de especialização em Direito e Processo do Trabalho do JusPodivm/BA. Mestre e Doutor em Direito do Trabalho pela Pontifícia Universidade Católica de São Paulo. Especialista em Direito Civil pela Fundação Faculdade de Direito da Bahia. Membro da Academia Nacional de Direito do Trabalho e da Academia de Letras Jurídicas da Bahia.

NOTA DO AUTOR

Este singelo estudo é a adaptação da minha dissertação apresentada e defendida em novembro de 2006, fato que me conferiu o título de Mestre em Direito Privado pela Faculdade de Direito da Universidade Federal da Bahia.

A ideia de publicá-la partiu, inicialmente, da banca examinadora composta pelos professores doutores Jonhson Meira Santos, Nelson Mannrich e Rodolfo Pamplona Filho; o primeiro, meu orientador, e o último, meu grande incentivador, cobrador insistente desta publicação, e que me honrou em aceitar o convite para prefaciar esta obra.

O objetivo não é esgotar o tema, mas, em verdade, tentar dar início à discussão doutrinária específica em torno da revista pessoal de empregados, circunstância com a qual me deparo diuturnamente em minha vida profissional, atuando como advogado em lides trabalhistas.

INTRODUÇÃO

O direito do trabalho surgiu como fruto do clamor social da classe assalariada, que se revoltou contra os procedimentos exploratórios praticados pelos chamados empresários, detentores do poder econômico. Isso emerge do processo de troca que havia entre esses atores, ou seja, o empregado vendia sua força e o empresário pagava pelo uso da mesma.

Karl Marx conceituava aquilo que se convencionou chamar de força-trabalho do empregado, definindo-a como sendo "o conjunto das faculdades físicas e mentais, existentes no corpo e na personalidade viva de um ser humano, as quais ele põe em ação toda a vez que produz valores de uso de qualquer espécie" (MARX, 1987, p. 187). Segundo ele, esta é a mercadoria que pode ser vendida pelo empregado.

Essa força-trabalho, por sua vez, tornou-se elemento essencial para o desenvolvimento da Revolução Industrial. Nesta mesma época, surge com força a dicotomia daqueles que vendiam e daqueles que compravam a força trabalho, estes últimos a classe burguesa, dominante, a quem se convencionou chamar de detentores do poder, dos meios de produção e da renda.

Isso fez com que surgisse a flagrante inferioridade daqueles que vendiam a força-trabalho para aqueles que a adquiriam, fato que levou o Estado a intervir, de modo a ditar regras que pudessem, no mínimo, alcançar alguma igualdade, estabelecendo um ramo do direito de cunho eminentemente protecionista.

Esse evento foi um dos responsáveis por um processo de inserção dos direitos fundamentais nas relações privadas. Com efeito, os direitos fundamentais foram inicialmente pensados para frear o ímpeto do poderio estatal perante os cidadãos que a ele se submetiam. Nesse momento só havia uma preocupação em se proteger o cidadão contra o totalitarismo do poder estatal, o qual sequer respeitava as relações firmadas entre os particulares.

Com a vitória do movimento burguês na Revolução Francesa, concebeu-se a ideia de que o Estado deveria respeitar as relações entre os particulares. Assim, consagraram-se as figuras da autonomia da vontade e da liberdade contratual, as quais se firmavam nos pilares da liberdade, igualdade e fraternidade. Essas partiam da presunção de que os homens eram iguais e que poderiam livremente celebrar seus negócios, desde que respaldados pelo ordenamento jurídico em vigor. Nesses pactos, o Estado não interferia, apenas respeitava a vontade livre dos contratantes. Esse período marcou o que se chamou de Estado Liberal.

Ocorre que a igualdade pregada pelo Estado Liberal só se verificava no plano abstrato, já que, em concreto, algumas relações demonstraram hipóteses de nítida inferioridade de uma das partes contratantes. Os contratos de emprego, que ganharam incremento e relevo com o advento da Revolução Industrial, sintetizavam bem essa ideia. Com isso, passou a se pregar não mais um Estado absenteísta, mas um Estado que teria de intervir na relação, garantindo um tratamento desigual à parte inferiorizada, a fim de permitir que estas atingissem uma igualdade, não mais formal, e sim material.

Junto com essa proteção ganhou relevo o rol dos direitos da personalidade, cuja observância, nas relações de trabalho, passou a ter um maior rigor na fiscalização. Nesse rol estão inseridas a intimidade e a vida privada, que acabaram sendo consagradas em sede constitucional, com a edição da Carta de 1988, pois foram erigidos ao *status* de Direitos e Garantias Fundamentais.

Foi inevitável, ainda, a associação desses direitos a dois dos chamados Princípios Fundamentais da Carta Magna de 1988: a dignidade da pessoa humana e os valores sociais do trabalho e da livre-iniciativa (art. 1º, III e IV, da CF/1988). A dignidade da pessoa humana possui relevante papel no quadro de aplicabilidade dos direitos fundamentais nas relações privadas.

Junto com esses consagrou-se, do mesmo modo e também no rol dos direitos e garantias fundamentais (além da consagração no rol dos princípios gerais da atividade econômica), o direito à propriedade, conforme arts. 5º, XXII, e 170, II, além de se ter determinado que esta observe a sua função social (art. 5º, inciso XXIII, e art. 170, inciso III).

Tem-se verificado, nas relações entre patrões e empregados, que são cada vez mais frequentes as situações em que se chocam os direitos da intimidade e o direito de propriedade do detentor dos meios de produção.

O caráter protecionista que vigora no Direito do Trabalho tem feito com que as situações que se apresentam a este título, em regra, sejam decididas de modo a salvaguardar, sempre, os direitos ligados aos empregados. Isso ocorre por conta dos abusos que vêm sendo perpetrados por grande parte do empresariado, em busca da defesa do patrimônio empresarial.

É certo que os abusos da defesa do direito de propriedade devem ser coibidos, não por conta de se tratar de uma defesa, em *ultima ratio*, da atividade lucrativa, mas, sim, porque sendo direito, mesmo fundamental, sofre ele as suas limitações.

Contudo, diversas situações se mostram tendentes a que se adote outra posição, notadamente quando se detecta, da parte do empregado, um abuso na defesa das suas garantias fundamentais.

Quer com isso se dizer que, tanto empregado como empregador podem exercer, abusivamente, os seus direitos fundamentais. Ainda que estatisticamente se tenha um número de exercício abusivo maior por parte do empregador, poucos não são os casos de abusos perpetrados pelos empregados da defesa dos seus direitos.

É por demais tênue a linha que divide o exercício regular e o abusivo do direito à propriedade nas relações de trabalho. O mesmo se diga do exercício, pelo empregado, do direito à intimidade. Arrisca-se a dizer que tal constatação só é possível de ser feita no plano da casuística.

O titular de um direito não pode exercê-lo de modo ilimitado e irrestrito, já que a norma que o contempla foi editada pensando num ente coletivo, social, dentro da qual está inserido. Como consequência, aquele que exerce um direito passando ao largo da sua função social, ou com atitude manifestamente atentatória à boa-fé e aos bons costumes, está a cometer manifesto abuso.

O trabalho que se apresenta buscará, dentro dessa exaustiva e densa problemática, abordando cada um desses direitos, estabelecer o conflito entre eles na situação casuística mais polêmica, que é a da revista pessoal de empregado.

O estudo se propõe, de início, a explorar o instituto do abuso de direito, fazendo uma retrospectiva do processo de surgimento dessa teoria, apresentando valorosa contribuição doutrinária da pena do jurista português Antonio Manoel da Rocha e Menezes Cordeiro, que enfrentou com mestria a sistematização alemã em torno do tema. Após isso, dentro dessa temática, serão abordados os problemas que a teoria enfrentou. Logo adiante, será destacado todo o processo de positivação do abuso de direito no Brasil, até a sua consagração quando da edição do Código Civil de 2002. A conclusão deste subtema tocará a sua possibilidade de ocorrência no Direito do Trabalho e no ambiente fértil da relação de emprego.

No capítulo seguinte, este livro abordará a temática dos direitos fundamentais, começando por apresentar um conceito para este rol de garantias. Logo após será abordado todo o processo de surgimento desses direitos, primeiro como algo concebido para tutelar a relação Estado/cidadão, e depois como algo essencial para a manutenção da harmonia e da paz social, fazendo com que esses direitos incidam, também, na relação cidadão/cidadão. Tudo isso fazendo uma abordagem da dignidade da pessoa humana, valor que informa os Estados Democráticos de Direito e que, portanto, consagram essa categoria de direitos.

Dentro dessa linha e ainda falando dos direitos fundamentais, o texto se propõe a tratar da polêmica que encerra os conflitos entre direitos fundamentais. Isso porque estes trazem, em polos opostos, princípios consagrados na Constituição Federal. A Constituição, instrumento jurídico e político, apresenta um sistema de garantias que visa proporcionar bem-estar ao maior número de pessoas. Exatamente por isso, é marcada pela dialeticidade, pois precisa ser ampla o bastante para atender a todos os cidadãos.

Surge, nesse instante, a técnica da ponderação de interesses, consagrada pela doutrina como forma de buscar a solução nos casos de choques entre os princípios. Sim, porque não se tem como estabelecer, abstratamente, que um princípio sempre preferirá o outro, ainda mais se ambos pertencem ao mesmo sistema constitucional, o qual prima pela unicidade. Nesse momento, o trabalho apresentará um dos seus pontos mais polêmicos, que repousa no fato de se defender a possibilidade da dignidade da pessoa humana sofrer o processo de ponderação. Do mesmo modo, tal se admite para todo o rol de direitos fundamentais. Em conclusão a esse subtema, serão ressaltadas as peculiaridades que marcam os direitos fundamentais que surgem nas relações de emprego.

A seguir, será feita uma abordagem dos direitos a intimidade e vida privada, inserindo-os no rol de direitos da personalidade e, estes últimos, no rol de direitos fundamentais. Será estabelecida a proteção constitucional dessas garantias. Este capítulo será encerrado com as considerações tecidas acerca das peculiaridades desses direitos nas relações de emprego, passando pela abordagem da subordinação jurídica, que é a marca registrada do contrato em estudo.

No capítulo seguinte, será abordado o direito de propriedade, enfatizando-se sua natureza jurídica, o seu surgimento e a verdadeira revolução histórica a que este direito se submeteu. Logo depois, será enfatizada a importante temática da função social da propriedade, desde o seu início, em que a mesma era atrelada a uma função econômica, até os tempos modernos. Após, será dado enfoque à função social da propriedade do empregador, que, além do ponto de vista de uma limitadora de direitos, precisa ser enaltecida do ponto de vista do papel social de criadora de empregos e garantidora da ordem econômica prevista na Constituição Federal.

Estabelecidos os direitos fundamentais em destaque, serão estes colocados em situação prática de choque, quando se abordará a questão da revista pessoal de empregado em defesa do patrimônio empresarial, que é o caso que encerra a maior polêmica dentre as situações de conflitos entre os direitos fundamentais analisados. Nesse momento, será adotada a técnica da ponderação de interesse.

A problematização ficará por conta de se definir se é possível haver revista pessoal de empregados; em caso positivo, em que limites isso ocorre; existem parâmetros razoáveis a serem sugeridos para a sua realização; se o empregado pode ou não exercer de modo ilimitado o direito à intimidade quando dos casos de revista pessoal; se esse exercício ilimitado pode ou não se constituir em abuso desse direito; se esse exercício ilimitado preserva os direitos fundamentais de todos os envolvidos no conflito; quando é que o empregador exerce, abusivamente, seu direito de propriedade, especificamente no caso concreto da revista pessoal de empregado.

A intimidade é um dos bens mais preciosos do ser humano, e carece de ser preservado o máximo possível. O direito de propriedade permite a geração de empregos, a distribuição de riqueza e colabora no processo de combate ao empobrecimento dos povos e das nações. Eis o desafio proposto: conciliar esses direitos fundamentais e combater o abuso de direito do empregado e empregador, quando da defesa, respectivamente, dos direitos de intimidade e de propriedade.

1.

DO ABUSO DO DIREITO

1.1. Conceito

Orlando Gomes enfatiza que "[...] a concepção do abuso de direito é construção doutrinária tendente a tornar mais flexível a aplicação das normas jurídicas inspiradas numa filosofia que deixou de corresponder às aspirações sociais da atualidade" (GOMES, 1989, p. 138).

Para Sílvio de Salvo Venosa "[...] é o fato de se usar de um poder, de uma faculdade, de um direito ou mesmo de uma coisa, além do que razoavelmente o Direito e a sociedade permitem" (VENOSA, 2003, p. 603).

No entender de Rui Stoco:

> O indivíduo para exercitar o direito que lhe foi outorgado ou posto à disposição deve conter-se dentro de uma limitação ética, além da qual desborda do lícito para o ilícito e do exercício regular para o exercício abusivo. Como se impõe a noção de que nosso direito termina onde se inicia o direito do próximo, confirma-se a necessidade de prevalência da teoria da relatividade dos direitos subjetivos, impondo-se fazer uso dessa prerrogativa apenas para satisfação de interesse próprio ou defesa de prerrogativa que lhe foi assegurada e não com o objetivo único de obter vantagem indevida ou de prejudicar outrem, através da simulação, da fraude ou da má-fé. (STOCO, 2002, p. 59)

Resumindo a expressão desses e de outros pensadores, pode-se dizer que o abuso do direito é uma figura originária do clamor social, a qual expressa que um determinado titular de um direito o exerceu, ou está exercendo, de modo desvirtuado daquilo que se entende por razoável, fugindo da finalidade que motivou o criador da norma que prevê essa prerrogativa, razão pela qual seu ato deve ser repudiado.

1.2. Etiologia histórica do abuso do direito

O direito francês, marcado pelas ideias de Rousseau de conservação da liberdade e da igualdade, buscou, a todo custo, proteger essas garantias como se fossem dogmas absolutos. Ditas ideias foram os pilares da revolução deflagrada naquele país, que veio a triunfar dando-lhes relevo. Exatamente por isso, "[...] a liberdade, a honra, a propriedade e a vida foram proclamadas como direitos fundamentais do homem, inalienáveis e imprescritíveis" (MARTINS, 1941, p. 9). A esse movimento se denominou absolutismo dos direitos individuais.

Esse absolutismo fez com que fossem criadas enormes resistências à socialização do direito. Pior ainda, novas situações surgiam no âmago da sociedade e o engessamento dos textos legais impedia que essas fossem absorvidas pela ordem jurídica. A reação se deu pela quebra parcial dessa moldura, o que ocorreu por obra da jurisprudência, que procurou dar interpretação aos dispositivos legais de modo a fazê-los acompanhar a evolução. No dizer de Pedro Baptista Martins:

> Os direitos subjetivos perderam o cunho nitidamente egoísta que os caracterizava: limitações mais ou menos extensas lhes foram impostas em nome do interesse coletivo, da ordem pública, dos bons costumes; finalmente com a doutrina da imprevisão, a da causa das obrigações e, principalmente, com a do risco, a da instituição e a do abuso do direito, aparelharam-se devidamente os tribunais para, na aplicação, corrigir as imperfeições da lei e empreender a empolgante tarefa da socialização do direito. (MARTINS, 1941, p. 11-12)

A teoria do abuso do direito, portanto, como forma de socialização do direito posto, é uma obra da jurisprudência, especificamente da francesa, que acabou consagrada pela legislação de inúmeros países. Fábio Ulhoa Coelho retrata, com precisão, o caso mais famoso e tido como paradigmático para a teoria em estudo — Clément-Bayard —, em que o proprietário de um terreno contíguo ao de uma fábrica de dirigíveis exerceu esse direito de modo abusivo, com o interesse escuso de forçar que a referida fábrica comprasse sua propriedade.[1]

---

(1) Eis a íntegra da descrição:
"No início do século anterior, um construtor de dirigíveis cujo hangar se situava no interior da França, departamento de Compiègne, deparou-se com um problema inusitado. O fazendeiro vizinho havia erguido, na divisa de sua propriedade com a do hangar, umas colunas altas de madeira com varas de ferro pontiagudas. Pelas condições do lugar, a estranha divisória tornou a manobra dos dirigíveis extremamente perigosa e houve mesmo um deles perfurado pela ponta de ferro da armação. O fabricante dos equipamentos moveu processo contra o vizinho para obrigá-lo a retirar ou alterar a divisória.
A defesa do fazendeiro pautou-se no direito de propriedade. O Código Civil francês, obra de Napoleão, assegura esse direito de forma absoluta. De acordo com seus preceitos, produtos de concepções liberais e individualistas predominantes no início do século XIX, o proprietário pode usar a propriedade como bem lhe aprouver, respeitando unicamente os limites da lei. Além destes não há nada que constranja, reduza ou obste as prerrogativas do proprietário (CARBONNIER, 1955:352). Dispõe, com efeito, um dos dispositivos do Código napoleônico: 'A propriedade é o direito de usar e dispor das coisas de maneira absoluta ('la plus absolute'), desde que o uso não seja proibido por lei ou regulamento'. Como não havia nenhuma norma jurídica proibindo o fazendeiro de erguer a divisória com as pontas de ferro, estava ele exercendo seu direito de propriedade de acordo com a lei.
Mas a justiça francesa rechaçou os argumentos do fazendeiro, decidindo a questão em favor do construtor de dirigíveis. Considerou que o direito de propriedade, malgrado o previsto no Código Civil

Antes desse caso, os tribunais franceses já haviam se deparado com outra ação, também ligada ao direito de propriedade, em que o detentor de um imóvel foi condenado a demolir uma enorme e falsa chaminé, que foi construída sobre a sua casa com o único intuito de reduzir a ação dos raios solares sobre o imóvel do vizinho (caso Doerr, ocorrido em Colmar, na França, no ano de 1855).

Dita teoria passou a ser estudada após as ocorrências detectadas na jurisprudência francesa na análise de conflitos de vizinhança, exatamente pela peculiaridade de que o código que regia aquele país não fazia previsão para as situações em que se exerce o direito de propriedade fora dos padrões moralmente aceitáveis. E, mais, a legislação que lá vigorava, firme nos seus pilares de sustentação já referidos, entendia que o proprietário era senhor absoluto daquilo que lhe pertencia.

As decisões referidas, principalmente a que foi descrita com mais detalhes, despertou a curiosidade dos estudiosos da época, porque não se sabia, ao certo, quais os instrumentos que motivaram aqueles veredictos, se estes, em tese, se afiguravam *contra legem*. Não se questionava que as decisões se pautaram em fazer a mais absoluta justiça, mas não se tinha a convicção acerca dos aspectos que foram levados em conta pelos juízes para adoção daquela posição.

A explicação foi encontrada a partir da descoberta da figura do exercício abusivo do direito. A raiz dessa tese, contudo, remonta a tempos muito mais antigos. Nas origens mais primitivas do Direito Romano, quando não se falava diretamente de abuso de direito, podiam-se divisar três institutos que traziam dentro de si seu embrião. Foram os institutos da *aemulatio*, a *exceptio doli* e as regras sobre as relações de vizinhança (LOTUFO, 2003, p. 499).

Ditos institutos têm o seguinte significado: a *aemulatio* consistia no exercício de um direito em prejuízo de alguém e sem vantagem para o titular; a *exceptio doli* era um mecanismo de defesa utilizado sempre que detectada uma ação injusta; as relações de vizinhança, como o nome está a dizer, era um mecanismo que buscava um convívio harmônico entre vizinhos.

Há quem sustente que a teoria surgiu com as figuras do direito romano acima citadas. Pedro Baptista Martins (1994, p. 11), pioneiro na doutrina brasileira acerca do abuso do direito, defende que "[...] alguns dos seus princípios informativos mergulham as raízes no direito romano, onde se encontram, em vários fragmentos esparsos, vestígios de reprovação do exercício abusivo dos direitos". A despeito da lucidez do defensor dessa posição, tudo leva a crer que a razão está com aqueles que defendem que no direito romano surgiu a *pedra fundamental*, mas a teoria só se desenvolveu nos julgamentos já referidos acima.

---

francês, esbarrava em outros limites além dos legais. Da definição do direito de propriedade como absoluto não se segue que o seu exercício possa ser feito sem o objetivo de satisfazer interesse sério e legítimo (FERNANDES, 2001, 2:586). Nenhum proprietário, assim, pode usar sua propriedade apenas com o intuito de prejudicar outras pessoas, se isso não lhe traz nenhuma vantagem" (COELHO, 2003, p. 360-361).

A busca pela explicação dos motivos que levaram os tribunais franceses a decidir daquele modo fez surgir, assim, a teoria do abuso do direito. Duguit e Josserand, dentre outros, deram contribuição de vulto à sua elaboração. De acordo com suas primeiras sistematizações, a teoria do abuso do direito afirma que nenhum direito assegurado por lei pode ser exercido com o único objetivo de prejudicar outras pessoas, se não houver proveito ao seu titular (COELHO, 2003, p. 362).

Ou, como preceituou Pedro Baptista Martins,

> [...] à teoria do abuso do direito é que está confiada a importante missão de equilibrar os interesses em luta e de apreciar os motivos que legitimam o exercício dos direitos, condenando, como antessociais, todos os atos que, apesar de praticados em aparente consonância com a lei, não se harmonizam, na essência, com o espírito e a finalidade desta mesma lei. (MARTINS, 1941, p.16)

Com essas referências históricas, surge a necessidade de comentar-se acerca da sistematização dessa teoria, o que se fará no capítulo seguinte.

1.2.1. Sistematização da teoria do abuso do direito

Inúmeros casos se apresentaram em busca de uma solução jurisdicional, os quais traziam hipóteses em que o titular de um direito o exercera de modo abusivo, desvirtuado da sua finalidade econômica ou social, ou contrário aos bons costumes, à boa-fé. Essas situações abusivas apresentavam-se conforme o direito positivado, mas em testilha com os valores que regiam uma convivência social harmônica.

Ainda assim, os tribunais não hesitaram em interpretar a norma vigente de modo a decidir a questão em favor dos ditos valores. Questionou-se então: qual era, afinal, a base teórica dessas decisões que, apesar de contrárias ao direito positivado, ajustavam-se, em sua inteireza, aos valores consagrados socialmente?

Assolados por essa dúvida, juristas ilustres passaram a desenvolver a teoria do abuso do direito, de modo a justificar aquela atuação jurisdicional, "[...] afinal, as pessoas precisam ter clareza sobre o que é lícito e ilícito, para orientarem suas condutas" (COELHO, 2003, p. 361).

Toda essa revolução provocada pelos julgados percussores da teoria do abuso do direito passava pela ideia cada vez mais clara de que o direito não podia ser exercido de modo absoluto, desenfreado, ilimitado. Este pensamento ganhou força em face de uma tendência de socialização do direito positivado, em contraposição ao absolutismo dos direitos subjetivos que, por muito tempo, reinou incólume.

Houve quem defendesse que o direito moderno carecia de passar por uma revisão da sua técnica legislativa. Através desta modernização, dizia-se que o direito subjetivo não deveria ser mais o foco das atenções dos legisladores. Estes deveriam canalizar seus esforços legiferantes para disciplinar os interesses da coletividade. A esse movimento deu-se o nome de teoria da instituição, que teve como maior defensor o francês Louis Le Fur, e que não admitia que um contrato contivesse todas as regras a serem observadas, pois era contra esse subjetivismo (MARTINS, 1941, p. 74).

Através da disseminação desta ideia, viu-se o surgimento dessa corrente, contrapondo-se aos que defendiam o liberalismo jurídico, que flamulava a bandeira da autonomia da vontade e da liberdade contratual plena. É certo que uma coisa não poderia anular a outra, mas, de certa forma, era preciso que se diminuísse ao mínimo necessário o poder normativo do contrato (MARTINS, 1941, p. 75).

Feito este breve registro, tem-se que, após compreendida a necessidade de se legitimar a teoria do abuso do direito, os juristas que a defendiam passaram a travar a séria batalha de sua sistematização.

Como ponto de partida, é preciso que se diga que a teoria do abuso do direito trouxe à baila duas posições doutrinárias opostas. De um lado, surgiu a teoria concebida como subjetiva, que reputa abusivo o exercício do direito, quando se detecta no titular deste uma intenção, tão somente, de provocar danos a terceiros, sem nada auferir de proveito, figura que muito se aproxima do ato emulativo do direito romano (COELHO, 2003, p. 362). De outra banda, surgiu a concepção objetiva, que, longe de buscar aferir a efetiva intenção do agente, considera abusivo o exercício de um direito sempre que este se desvincular da sua finalidade econômica, social, ou da boa-fé e dos bons costumes (finalidade moral).

Essas teorias contaram com distintos e respeitados adeptos, que por muito tempo travaram gloriosa batalha em busca de fazer valer seu ponto de vista em detrimento do outro.

No dizer de Francisco Amaral, três são os elementos que compõem o abuso do direito: "[...] exercício do direito, intenção de causar dano e inexistência de interesse econômico" (AMARAL, 2002, p. 161). O mesmo autor defende, ainda, citando o civilista português Jorge Manuel Coutinho de Abreu, que esse critério traz consigo dois subcritérios: o intencional, que é historicamente o primeiro critério, pelo qual o abuso de direito pressupõe o "ânimo de prejudicar", e o técnico, que se contenta com o exercício incorreto do direito, culposo (AMARAL, 2002, p. 161).

O importante a se dizer é que os adeptos da teoria subjetiva defendiam a necessidade de se buscar, de se perquirir, sempre, a intenção do agente causador, para se chegar à conclusão de que este buscou prejudicar terceiros, sem tirar proveito próprio.

Além disso, o conteúdo da tese remonta os estudos para um outro conceito de extrema importância na hipótese vertente: a culpabilidade. Os estudiosos do assunto entendem que o termo culpa, que emerge da ideia subjetiva do abuso do direito, está em seu sentido lato, o que abrange as noções de dolo e culpa em sentido estrito. Francisco Amaral já defendia essa posição ao referir-se ao critério técnico, acima citado. Este também é o pensamento de Everardo da Cunha Luna:

> Para muitos juristas, o abuso de direito fundamenta-se na intenção de prejudicar. No exercício de seus direitos, gozam os indivíduos de plena liberdade, contanto que não se movam na exclusiva intenção de prejudicar a outrem. Não há indagar se houve dolo, negligência, imprudência, imperícia, têrmos, êsses todos sem sentido, quando se trata de um titular de direito no exercício de faculdades que lhe assegura a lei.
>
> Fundamentar-se o abuso de direito na exclusiva intenção de prejudicar é restringi-lo em demasia, é demasiada prudência, demasiado apêgo às formas, excessiva concessão às liberdades individuais, em prejuízo dessas mesmas liberdades. A intenção é um caso especial de dolo, sem dúvida o mais incisivo e perigoso, pois consiste na "representação do resultado como motivo impelente da ação". (LUNA, 1959, p. 70-71)

E adiante arremata: "A culpa, por mais leve, que torna ilícito um ato qualquer, torna, também, um qualquer ato abusivo. É que o abusivo é uma das formas do ilícito, e as regras que governam os atos ilícitos governam o abuso de direito" (LUNA, 1959, p. 74).

Assim também diziam Collin & Capitant, referidos por Pedro Baptista Martins:

> Para que haja abuso de direito não é indispensável que se descubra no autor do prejuízo causado a outrem e intenção de prejudicar, o *animus nocendi*. É bastante que se observe na sua conduta a ausência das precauções que a prudência de um homem atento e diligente lhe teria inspirado. (MARTINS, 1941, p. 230-231)

Por se inspirar na intenção de prejudicar, a teoria subjetiva está intimamente ligada com os atos emulativos, derivados do direito romano. Não fosse o bastante, também os casos pioneiros da jurisprudência francesa traziam consigo a carga intencional de causar prejuízo. Diante desse quadro, pode-se afirmar que a teoria subjetiva precede a objetiva.

Não é menos certo, também, que atrelar a ideia de abuso de direito à de culpa é restringir por demais seu campo de atuação. Firme nessa premissa, Josserand (*apud* MARTINS, 1941) passou a contestar essa linha de pensamento restritiva e a defender que outros motivos poderiam acarretar o uso abusivo de um direito. Para tanto, de início, defendeu que "[...] a responsabilidade não se exaure no conceito clássico de culpa" (MARTINS, 1941, p. 236). A partir de então, distinguiu os atos que implicavam responsabilidade da parte de quem os praticasse: atos ilegais (realizados sem direito); atos ilícitos (realizados em desacordo com a destinação do direito); e os atos excessivos (que estão conforme o direito e a sua destinação, mas ocorrem de tal modo exagerado, que prejudicam terceiros) (MARTINS, 1941, p. 236-237).

Neste mesmo sentido já advertia Mário Rotondi, para quem essa assimilação do abuso de direito à teoria da culpa o limitava de forma desmesurada na sua extensão, deixando à margem todos os casos de abuso produzidos na evolução das condições sociais e que constituem o lado mais interessante, frequente e importante do fenômeno (MARTINS, 1941, p. 239).

Surge com isso a teoria objetiva, para a qual pouco importava a noção de culpa do agente, bastando o ato materialmente concebido, o qual, se se verificasse de modo anormal ou irregular, seria taxado de abusivo. Seu maior defensor foi Saleilles. Francisco Amaral enxergou dois subcritérios nessa teoria: "[...] um econômico, que se manifesta no exercício do direito para 'satisfação de interesses ilegítimos', e outro, funcional ou finalista, segundo o qual o direito não se exerce de acordo com sua função social" (AMARAL, 2002, p. 161). Isso importa dizer que para esse segundo critério há que se perquirir o caráter antissocial ou antieconômico do ato em exame.

Para essa teoria, a análise dos elementos do ato perpassa pelo cunho teleológico dos mesmos, ou, como no dizer Everardo da Cunha Luna:

> As teorias objetivas têm origem comum, pois se geram de ideias, princípios, anseios, que não se conformam com a ordem jurídica vigente. Não são, a rigor, teorias jurídicas verdadeiras, mas extra e metajurídicas, que se vestem de roupagem dogmática. (LUNA, 1959, p. 76)

Importante noção que se deve ter em mente quando se trata da teoria objetiva é a de que não só os atos desviados de sua finalidade econômica e social, mas também aqueles que ocorrem em contraposição às regras morais e éticas que regem uma sociedade são taxados de abusivos. Nesta linha de pensamento, surge a noção de bons costumes, que se deve observar no exercício de uma prerrogativa.

No entanto, é o chamado critério finalístico que se constitui na marcante característica da teoria objetiva. Alguns defendem que a teoria do abuso do direito atingiu o seu ápice com o critério finalístico defendido por Josserand:

> Acredito que a teoria atingiu seu pleno desenvolvimento com a concepção de Josserand, segundo a qual há abuso de direito quando ele não é exercido de acordo com a finalidade social para a qual foi conferido, pois, como diz este jurista, os direitos são conferidos aos homens para serem usados de uma forma que se acomode ao interesse coletivo, obedecendo à sua finalidade, segundo o espírito da instituição. (RODRIGUES, 1998, p. 314)

O importante a se frisar é que, na concepção de que o abuso do direito se insere na categoria dos atos ilícitos, na medida em que o exercício do direito se realize em desacordo com a busca do equilíbrio social a que a norma se propõe, é certo que ele sai da linha demarcatória da licitude. É justamente esse equilíbrio que move o espírito daqueles defensores do critério finalístico.

Vale destacar que alguns não entendem que o abuso de direito deva estar inserido na categoria dos atos ilícitos, como é o caso de Lúcio Flávio de Vasconcellos Naves (apud LOTUFO, 2003, p. 501). No mesmo sentido, Pedro Batista Martins, para quem associar o ato abusivo ao ato ilícito é o mesmo que eliminar a razão de ser do abuso do direito (MARTINS, 1941, p. 240). A esta objeção responde Mazeaud et Mazeaud, citado por Everardo da Cunha Luna (1959), para quem o abuso do direito descortina uma interessante faceta do ilícito, enriquecendo essa teoria, citando o exemplo de que a tentativa de dar um contorno autônomo a um instituto jurídico ocorreu com a fracassada busca por se conferir independência à tentativa de um crime como um instituto penal independente.

O certo é que o abuso de direito tem suas características próprias, e mesmo a sua vinculação ao rol dos atos ilícitos, como *soi* ocorrer em diversos lugares (inclusive com o novo Código Civil brasileiro, como se verá mais adiante), não o desnatura, muito menos o torna inócuo.

Outra noção que foi incorporada à teoria objetiva foi a ideia de boa-fé. A despeito de se tratar de conceito íntima e umbilicalmente ligado ao subjetivismo, enxergou-se uma vertente objetiva da boa-fé, e esta acabou inserida na teoria em estudo. No dizer de Francisco Amaral:

> A boa-fé entende-se sob o ponto de vista psicológico ou subjetivo e sob o ponto de vista objetivo. Psicologicamente, a boa-fé é um estado de consciência, é a convicção de que se procede com lealdade, com a certeza da existência do próprio direito, donde a convicção da licitude do ato ou da situação jurídica. Objetivamente, a boa-fé significa a consideração, pelo agente, dos interesses alheios, ou a "imposição de consideração pelos interesses legítimos da contraparte" como dever de comportamento. (AMARAL, 2002, p. 162-163)

Vale dizer: aquele que exerce um direito abusa do mesmo naquilo em que contraria a boa-fé de outrem. A explicação dada por Renan Lotufo, firme nas palavras de Menezes Cordeiro, esclarece melhor esta ideia:

> Conforme a linha expositiva de Menezes Cordeiro, a análise do abuso de direito começa pela locução *venire contra factum proprium*, que significa o exercício de uma posição jurídica em contradição com o comportamento assumido anteriormente pelo exercente, ou seja, dois comportamentos da mesma pessoa, que são lícitos entre si, e diferidos no tempo. O primeiro comportamento, o *factum proprium*, é contrariado pelo segundo.
>
> O princípio do *venire contra factum proprium* tem fundamento na confiança despertada na outra parte, que crê na veracidade da primeira manifestação, confiança que não pode ser desfeita por um comportamento contraditório. Pode-se dizer que inadmissibilidade do *venire contra factum proprium* evidencia a boa-fé presente na confiança, que há de ser preservada. (LOTUFO, 2003, p. 501)

Esta citação traz parte do pensamento do eminente civilista português Antonio Manuel da Rocha e Menezes Cordeiro, que comenta com precisão a construção teórica alemã em torno do tema, e que é de leitura obrigatória para aqueles que querem compreender a sistematização da teoria do abuso do direito. O posicionamento do citado civilista está especificamente exposto no tópico seguinte desta obra.

Quando se fala em bons costumes, está-se a se referir ao conjunto de regras moralmente definidas por uma sociedade que, uma vez contrariado, leva a que se declare uma situação abusiva do titular de um direito individual. Esta variante está diretamente ligada à socialização dos direitos a que se propõe o instituto em análise, na medida em que privilegia os valores que se formam no meio social em detrimento do exercício individual de um direito. Portanto, é mais um caso de aplicação da teoria objetiva do abuso do direito.

A crítica que se costuma fazer a essa teoria objetiva está voltada para a quantidade de poder que se concentra na mão do julgador, quando este for fazer a análise do fim social inserido na norma. Alguns, como Everardo da Cunha Luna, entendem que só o critério técnico (legal) seria aceitável, pois a posição ligada à finalidade social da norma pode variar, a depender, por exemplo, da ideologia que o magistrado siga (para um juiz católico, o fim social será um, para o juiz positivista será outro, diferente do que será para o juiz socialista etc.) (LUNA, 1959, p. 85-86).

Importa dizer, neste momento, que, a despeito das severas críticas colocadas contra as duas teorias que serviram de base para a sistematização do abuso do direito, é certo que ambas resistiram e ainda hoje influenciam os mais variados ordenamentos jurídicos e pensadores do assunto. A razão é simples: o instituto existe, e dele não se pode afastar. O que não mais se sustenta é a ideia de direito absoluto, que se possa exercer de modo ilimitado, pois a relatividade dos direitos individuais está consagrada em praticamente todos os níveis — doutrinário, jurisprudencial e legal.

As palavras de Pedro Batista Martins ajudam a encerrar essa complicada sistematização teórica que o abuso de direito enfrentou:

> A sistematização teórica da doutrina, pelas dificuldades que oferece, tem desalentado civilistas de notável envergadura. Mas a concepção absolutista dos direitos individuais está definitivamente morta e o conceito social de sua relatividade transparece, indefectivelmente, em todos os critérios sugeridos. Para os que adotam o critério intencional, a relatividade do direito deriva-se da intenção de prejudicar. Resultará da culpa no seu exercício para os que admitem o critério técnico. Os objetivistas, por sua vez, consagram a mesma ideia relativista, não só quando adotam o critério econômico da falta de interesse legítimo, senão ainda quando se aterem ao critério teleológico do desvio do direito de sua destinação social. (MARTINS, 1941, p. 259-260)

1.3. Exercício inadmissível de posições jurídicas — Menezes Cordeiro

O civilista português Antonio Manuel da Rocha e Menezes Cordeiro (1984) apresenta valoroso comentário acerca da sistematização originária da doutrina e jurisprudência alemãs em torno da teoria do abuso do direito, a qual merece uma detalhada reflexão, com o objetivo de permitir que se apreenda o instituto em análise.

Para Menezes Cordeiro, a noção de abuso de direito, que denomina de modo apropriado como "o exercício inadmissível de posições jurídicas" (CORDEIRO, 1984, p. 661), começa por impor ao estudioso da matéria compreender a noção de *venire contra factum proprium*, que significa o exercício de uma posição jurídica em contradição com o comportamento assumido anteriormente pelo exercente, ou seja, dois comportamentos da mesma pessoa, que são lícitos entre si, e diferidos no tempo (LOTUFO, 2003, p. 501). Com isso, conclui-se que o primeiro comportamento adotado pelo titular do direito é o fato próprio, e o segundo, sua negação.

No *venire contra factum proprium* há uma quebra da relação de confiança, proporcionada por uma das partes do negócio celebrado. A dita relação de confiança estava revestida da boa-fé dos contratantes, a qual foi externada no *factum proprium* quando da celebração do contrato.

Importante destacar que o *venire* se afina com a ideia de boa-fé e consolida sua aplicação quando é atrelado à relação de confiança. A concretização da confiança, por sua vez, exige que se preencham três condições: a atuação de um fato gerador de confiança; a adesão do confiante a esse fato; e a atuação posterior do confiante, exercendo atos pautados naquela relação e que se tornaram irreversíveis (CORDEIRO, 1984, p. 758).

Por conta de ser possível ocorrer imprevistos que podem levar à inexecução de um contrato nos moldes em que o mesmo foi celebrado, não se tem como proibir, de forma absoluta e abstrata, a alteração das condições pactuadas. Isso seria punir os contratantes com o engessamento do pacto celebrado, o que implicaria permitir, ou mesmo obrigar, o cumprimento de obrigações impossíveis ou insustentáveis. Contudo, como afirma Judith Martins Costa, citada por Renan Lotufo (2003, p. 502), "o Direito tem de proteger a boa-fé de quem, como contraparte, confiou no fato primeiro da parte declarante da vontade, e passou a desenvolver a relação negocial, em função da confiança naquela declaração (*factum*)".

Ou seja, o princípio do *venire contra factum proprium* pretende, dentro do possível, prestigiar, valorar o fato primeiro contido naquela declaração inicialmente prestada, ainda mais naquelas situações em que aquele que confiou agiu de modo irreversível, sendo impossível haver retorno ao *status quo ante*.

Para Menezes Cordeiro, o *venire* materializa-se, em síntese,

> [...] quando uma pessoa, em termos que, especificamente, não a vinculem, manifeste a intenção de não ir praticar determinado acto e,

depois, o pratique e quando uma pessoa, de modo, também, a não ficar especificamente adstrita, declare pretender avançar com certa actuação e, depois, se negue. (CORDEIRO, 1984, p. 747)

O eminente civilista descreve outro modo de se coibir o exercício inadmissível de posições jurídicas, o qual se verifica na inalegabilidade de nulidades formais.

Pautada também na quebra de confiança que respaldou o *venire*, a inalegabilidade das nulidades formais surge no direito alemão como uma construção jurisprudencial que permite o "cumprimento dos negócios livremente celebrados, ainda que sem observância da forma legal" (CORDEIRO, 1984, p. 771). Tal figura surge quando, em um contrato, uma das partes não conhecia formalidades essenciais para a realização do negócio. A outra parte, por sua vez, sabia da necessidade dessa formalidade e, ainda assim, celebra o negócio. Se esse contratante que sabia da ausência da formalidade vem a alegar essa falta, com fito de desfazer o negócio, pode a parte que a desconhecia se valer da inalegabilidade da nulidade formal.

O abuso do direito daquele que conhecia a formalidade e celebra o contrato mesmo sem a sua presença é manifesto. O instituto, como se vê de modo claro, é uma antítese da *exceptio doli*, confirmando sua decadência (LOTUFO, 2003, p. 502).

A boa-fé do contratante que desconhecia a formalidade é condição de sobrevivência da inalegabilidade. Não só isso. É preciso que o desfazimento do contrato implique situações irreversíveis para o contratante de boa-fé, pois, sempre que possível, há que se privilegiar a forma prescrita em lei como condição de validade do negócio jurídico.

A análise desse fato inibidor do exercício abusivo do direito denota que se está a privilegiar a posição da pessoa contra quem se pretende fazer valer a nulidade formal. Contudo, a aferição da boa-fé deste e dos efeitos da anulação do negócio há que ser rígida, pois a inalegabilidade é um posicionamento formalmente *contra legem*.

Apesar de assim se posicionar, o autor estudado admite que esse instituto não se aplica, nos moldes alemães, ao direito português, mas admite que a jurisprudência do seu país se mostra simpática a acolher esse modo de repressão ao abuso.

Mais adiante, ainda como forma de repressão ao abuso do direito, o civilista português invoca as figuras da *suppressio* e *surrectio*. Pela primeira entende-se a proibição da parte de exercer um dado direito, quando esta, sem estar de boa-fé, deixa transcorrer lapso considerável de tempo. Sua aplicação visualiza-se mais facilmente nos casos em que estejam envolvidos credor e devedor. Para o credor, instituiu-se a figura da correção monetária como forma de resguardar o recebimento do seu crédito sem que este sofra as intempéries do passar do tempo. Porém, quando este, agindo de má-fé, deixa transcorrer certo lapso de tempo, de modo a tornar insuportável para o devedor o cumprimento daquela obrigação com o seu acessório de correção monetária, perde o direito de reivindicá-la.

Tal providência presta-se a manter o equilíbrio das partes na relação e, principalmente, coibir o exercício abusivo do titular de um direito. A correção monetária presta-se a defender o interesse do credor, enquanto a *supressio* a defender o interesse do devedor (CORDEIRO, 1984, p. 801). Do mesmo modo que a figura anteriormente colocada, também a *supressio* pauta-se na mesma raiz do *venire*, na medida em que também envolve o rompimento de uma relação de confiança, constituindo-se como *factum proprium* o decurso do tempo.

Já a *surrectio* exigiu uma construção doutrinária mais pormenorizada para se fazer entender e aplicar. Coube a Jurgen Schmitd sua construção, como acentua Lotufo:

> Jurgen Schmitd, reformulando o estudo da boa-fé, em 1981, com base na influência da efetividade social sobre as normas jurídicas, adaptando estas em função daquela, diz que as regras codificadas, sob influência da efetividade, por sua diversidade, constituem-se em leis especiais, com o que, sobre elas e como complementação do direito legislado, há a lei geral, que faz desaparecer um direito que não corresponda à efetividade social (*supressio*), como faz surgir um direito não existente antes, juridicamente, mas que na efetividade social era tido como presente (*surrectio*). (LOTUFO, 2003, p. 504)

Menezes Cordeiro, defendendo a aplicabilidade e existência dos dois modos de impedir o abuso do direito no Código português, refere a julgamento do STJ do seu país em que o proprietário de uma casa aciona o adquirente de um prédio vizinho, pois este último, exercendo seu direito de propriedade, resolve demolir sua edificação, contígua à casa do autor, mas acaba danificando seu muro. Mesmo tendo prometido efetuar os devidos reparos, acaba se omitindo de fazê-lo. A decisão que condena o réu/demolidor pauta-se em três fundamentos: na reparação do dano, que se mostra óbvia; no *venire contra factum proprium*, pois não foi cumprida a promessa de reparação dos prejuízos e, portanto, se traiu uma relação de confiança estabelecida entre as partes; e na *surrectio*, pois, o fato de os imóveis serem contíguos garantia à casa do autor uma proteção, fruto dessa contiguidade. Apesar de não haver previsão desse direito, no rol dos direitos de vizinhança, regulado pelo Código português, a situação de dependência entre os prédios, por força da contiguidade destes, gerou a obrigação do réu/demolidor de adotar medidas preventivas para garantir aquela proteção de um imóvel pelo outro. Não o fazendo, tem a obrigação de reparar o dano (CORDEIRO, 1984, p. 828-831).

Mais um exemplo, de modo a tornar ainda mais clara essa figura criadora de direito e, ao mesmo tempo, repressora do abuso do direito. Este extraído da jurisprudência alemã: uma sociedade que por mais de 20 anos distribuía, entre seus sócios, lucros em patamar superior ao previsto em seus estatutos. Numa ação proposta por um deles, o BGH entendeu que se deveria manter a distribuição a fim de resguardar sua futura legalização (CORDEIRO, 1984).

Por fim, o autor refere outra figura que configuraria o abuso do direito, o *tu quoque*, que implica estabelecer como abusiva a atitude de um titular de um direito que o invoca mesmo tendo violado, anteriormente, a própria norma que lhe garante esse direito.

Transpondo essa ideia para os contratos sinalagmáticos, o autor entende que o *tu quoque* se configura quando ocorrem aquelas possibilidades de se arguir as exceções de contrato não cumprido, ou quando um dos contratantes viola disposição do pacto celebrado e, posteriormente, invoca este pacto para alegar violação da outra parte. Menezes Cordeiro entende que "[...] qualquer atentado a uma das prestações implicadas pode ser, na realidade, um atentado ao sinalagma; sendo-o, altera toda a harmonia da estrutura sinalagmática, atingindo, com isso, a outra prestação". E conclui dizendo que "[...] a justificação e a medida do *tu quoque* estão, pois, nas alterações que a violação primeiro perpetrado tenha provocado no sinalagma" (CORDEIRO, 1984, p. 845).

Apesar de alguns entenderem que o *tu quoque* pode ser um desdobramento do *venire*, como defende, por exemplo, Judith Martins-Costa (*apud* LOTUFO, 2003), não é preciso que haja uma quebra da relação de confiança para que o *tu quoque* se apresente, por isso mesmo não se tem como limitar essa forma de abuso à categoria do *venire*.

A boa-fé exerce importante papel no *tu quoque*, na medida em que é preciso que aquela esteja revestindo o sinalagma, definindo com precisão os deveres recíprocos; e, ainda, sob cominação de abuso, a boa-fé impõe que a exceção esteja motivada apenas em aspectos materiais e não formais do pacto. Ou, como expressa o civilista português:

> O titular que, em comportamento prévio, altere a figura do complexo em causa e pretenda, depois, contrapor o seu direito a actuações de outras pessoas, pode abusar do direito. Basta, para tanto, que tal contraposição, embora conforme com os aspectos formais da atribuição jus-subjectiva, ultrapasse a realidade material de base, na sua nova compleição. (CORDEIRO, 1984, p. 852)

Estabelecidas as figuras que caracterizam o abuso do direito, Menezes Cordeiro parte para tentar achar um conceito abrangente e único para essa figura limitativa. Refere a teorias internas, que estabelecem que o abuso emanaria do próprio conteúdo do direito subjetivo, ou da própria norma que estabelece o direito, mas acaba definindo que a interpretação jus-subjetiva de uma norma nunca alcançaria, com precisão, a riqueza das soluções que se pode atingir com as hipótese de *venire, tu quoque, supressio, surrectio* etc. (LOTUFO, 2003, p. 506-507).

A seguir, fala de teorias externas, as quais admitem a existência de normas que estabelecem os direitos e normas que delimitam seu exercício, entendendo que há abuso quando, no exercício da primeira, se perfaz a hipótese de violação da segunda. Para o autor, essa explicação não se sustenta, pois, na medida em que sai dos limites, o direito deixa de existir.

Com isso, ele conclui dizendo que todas as situações de se buscar coibir o abuso do direito têm como fundamento a boa-fé, e que as ações abusivas são aquelas disfuncionais, ou seja, contrárias às situações de confiança ou outras protegidas juridicamente, que contrariam o sistema social em que estão inseridas.

1.4. Abuso do direito nos diplomas legais

Para alguns juristas, a compreensão acerca do abuso do direito, por se tratar de uma noção supralegal, não deveria estar contida em textos positivados. Isso porque, a extrapolação de um direito vai merecer, sempre, uma atitude judiciária repressora, pelo simples fato de implicar violação de princípios (VENOSA, 2003, p. 602).

Outros, porém, entendem que o instituto merece disciplina própria, uma vez que, para estes, as disposições legais contidas em outros dispositivos, a exemplo das regras legais vinculadas ao direito de vizinhança e ao pátrio poder, são insuficientes. Por isso, defendem uma norma expressa e abrangente a contemplar todos os casos de abuso (MARTINS, 1941, p. 119-120).

Acredita-se que não há maiores problemas com a disciplina legal abstrata deste instituto, pois a sua positivação dá relevo à ideia de que não é tolerável o exercício de um direito que discrepe do razoável. Sem contar que é possível estabelecer uma norma que contemple, de modo generalizado, o repúdio ao exercício abusivo de um direito, como se verá mais adiante.

A possibilidade de inserir o abuso do direito em uma norma jurídica foi a tônica dos diplomas legais dos países estrangeiros. A exemplo do que ocorre com as evoluções dos institutos jurídicos de um modo geral, a jurisprudência de diversos países exerceu papel decisivo na adaptação do direito às velozes transformações sociais.

Exatamente por isso, a resistência oposta contra a teoria em comento foi vencida, fruto das diversas decisões que reprimiam o uso abusivo do direito. Com isso, o instituto atingiu sua consagração positivista, pois os ordenamentos jurídicos passaram a conter dispositivos que objetivavam reprimir sua ocorrência.

As concepções objetiva e subjetiva, que praticamente polarizaram os defensores do abuso do direito e marcaram fortemente a evolução dessa teoria, influenciaram o trabalho legislativo. Enquanto alguns países reprimiram o exercício do direito que visava apenas a prejudicar outrem, sem proveito para o titular, outros se desligaram das intenções do agente e repudiaram o exercício do direito desvinculado da sua função econômica ou social. O posicionamento da legislação brasileira segue exposto nos tópicos seguintes.

1.4.1. Das leis brasileiras anteriores ao Código Civil de 2002

No ordenamento jurídico brasileiro pode-se dizer que, ainda que não previsto expressamente, muitos diplomas legais já estabeleciam comportamentos que traziam em seu bojo o repúdio ao exercício abusivo do direito.

Mencionando diplomas legais anteriores ao novo Código Civil, tem-se que diversos dispositivos das leis civil, trabalhista, processual, do consumidor e a Constituição Federal de 1988 consagraram a figura jurídica em análise.

1.4.1.1. Da legislação civil

Para que se possa apreender a ideia de abuso de direito em nossa legislação civil anterior a 2002, é preciso, primeiramente, atentar para a noção de ato ilícito, pois é nesse contexto que o nosso legislador civil insere o abuso do direito. Portanto, é obrigatória, a título de compreensão inicial, a transcrição do art. 159 do Código Civil de 1916, que diz "aquele que, por ação ou omissão voluntária, negligência, ou imprudência, violar direito, ou causar prejuízo a outrem, fica obrigado a reparar o dano" (BRASIL, 2003, p. 600).

Estabelecido o que seja, para o Código Civil, o ato ilícito, pode-se dizer que o diploma de 1916 não trouxe previsão expressa que repelisse o abuso do direito. No entanto, a doutrina e a jurisprudência enxergaram um modo de coibir essa ocorrência, mediante interpretação, *a contrario sensu*, da regra estipulada no art. 160, I:

> Art. 160. Não constituem atos ilícitos:
>
> I — Os praticados em legítima defesa, ou no exercício regular de um direito (BRASIL, 2003, p. 600).

Entendeu-se, então, que o ato praticado em desacordo com o exercício regular de um direito deve ser considerado como ilícito e, dessa forma, deve obrigar o detentor dessa prerrogativa naquilo que vier a prejudicar terceiros. Pontes de Miranda, citado por Pedro Baptista Martins, defendeu que a nossa legislação fez a opção por prever o abuso de forma negativa: "em vez de dizer que o abuso de direito não é admissível (BGB § 226) ou que deixa de ser protegido pela justiça o exercício abusivo (Código Civil suíço, art. 2, 2ª alínea) — excluem-se dos atos ilícitos os atos que constituem exercício regular. O irregular é, pois, ilícito" (MARTINS, 1941, p. 142).

Essa, pode se dizer, foi a primeira previsão legal que incorporou a teoria do abuso do direito ao ordenamento jurídico brasileiro. Da sua análise percebe-se que o nosso ordenamento mais se inclinava para a concepção objetiva. Não só isso, percebe-se, também, que o critério que se utilizou para a sua identificação foi o finalístico (GAGLIANO e PAMPLONA FILHO, 2002, p. 467).

Antes mesmo desse dispositivo, a Lei de Introdução ao Código Civil já acentuava a necessidade de se respeitar a finalidade social da lei. Nesse sentido, o art. 5º:

Art. 5º Na aplicação da lei, o juiz atenderá aos fins sociais a que ela se dirige e às exigências do bem comum (BRASIL, 2003, p. 255).

Este artigo consagrou, em sede legislativa, a ideia nuclear de onde se originou o abuso do direito. Não se concebe um direito, bem como o seu exercício, desgarrado da finalidade social que o motivou. Do mesmo modo, não se admite que alguém faça uso de uma prerrogativa e, nesse exercício, gere uma situação de desequilíbrio e de desarmonia no seio da sociedade em que se encontra inserido.

Outro artigo importante é o 76, que dispunha que "para propor, ou contestar uma ação, é necessário ter legítimo interesse econômico, ou moral".

O Código Civil de 1916 estabelecia, ainda, outras disposições que traziam, em seu bojo, a repulsa ao exercício desvirtuado do direito. A título de exemplo, citam-se os seguintes artigos: 100 (o exercício normal de um direito não se enquadra como coação); 584 e 585 (que estabelecem limites ao direito de construir); 1.530 e 1.531 (que estão inseridos no título vinculado às obrigações derivadas dos atos ilícitos e que reprimem possíveis abusos que possam ser cometidos por credores na cobrança das dívidas).

Ainda falando em legislação civil, a Lei n. 8.078 de 11.9.1990, o Código de Defesa do Consumidor, em seu art. 50, trouxe previsão expressa de repressão ao abuso do direito, disciplinando que:

> O juiz poderá desconsiderar a personalidade jurídica da sociedade quando, em detrimento do consumidor, houver abuso de direito, excesso de poder, infração da lei, fato ou ato ilícito ou violação dos estatutos ou contrato social. (BRASIL, 2003, p. 1.198)

1.4.1.2. Da Constituição Federal de 1988

Adotando a visão objetivista e finalística que marcou o legislador brasileiro, a Carta Política de 1988 também consagra a repressão ao abuso de direito.

Dentro da concepção de que se tem como ilícito todo ato, mesmo em exercício de direito, que se oponha à sua finalidade social, econômica e mesmo à moral (COELHO, 2003, p. 362), não é de se estranhar que a Constituição Federal, que consagra o chamado Estado Democrático de Direito e que rege toda uma coletividade, estabeleça normas consagrando esse posicionamento.

Por isso mesmo, o repúdio à ideia de exercício abusivo de um direito surge desde os seus princípios fundamentais, como se percebe, de logo, do art. 1º, incisos III e IV, vejamos:

> Art. 1º A República Federativa do Brasil, formada pela união indissolúvel dos Estados e Municípios e do Distrito Federal, constitui-se em Estado Democrático de Direito e tem como fundamentos: (...)
>
> III — a dignidade da pessoa humana; (...)
>
> IV — os valores sociais do trabalho e da livre-iniciativa (BRASIL, 2003, p. 19) (...)

Verifica-se, da leitura desses princípios, uma clara limitação ao exercício de direitos subjetivos. Isso porque se está a consagrar que todo o exercício de um direito que coloque terceiro em condição indigna será reprovável. Além disso, há a clara preocupação constitucional de humanizar as relações de trabalho e a livre-iniciativa, enaltecendo seus valores sociais, pois se sabia e se sabe perfeitamente bem a fertilidade desse terreno em matéria de abusos.

Ainda nos chamados princípios fundamentais, extrai-se a regra contida no art. 3º, I, *verbis*, que também apresenta um inequívoco cunho limitativo ao exercício de direitos:

> Art. 3º Constituem objetivos fundamentais da República Federativa do Brasil:
>
> I — construir uma sociedade livre, justa e solidária (BRASIL, 2003, p. 19).

Por se estar referindo a exercício de direitos e sua limitação, não se pode deixar de comentar a regra estabelecida no *caput* do art. 5º, que poderia parecer estar em contrariedade a tudo aquilo que se prega. Isso porque o referido artigo estabelece, dentre outras coisas, a inviolabilidade do direito à propriedade.

O direito de propriedade, ou, melhor, a ideia de direito de propriedade pleno foi a responsável pelos casos precursores da teoria do abuso do direito. Como se demonstrou exaustivamente, os primeiros casos de exercício abusivo de direito surgiram na França, com o uso desmesurado desse direito por parte de alguns que objetivavam, em verdade, lesar terceiros.

E eis que surge a proteção constitucional brasileira da inviolabilidade da propriedade, o que poderia levar alguns a pensar se não se estaria a retroceder no tempo, fazendo que se pudesse invocar o *caput* do art. 5º da CF/1988 para assim se utilizar daquilo que é seu de modo ilimitado e, até mesmo, em prejuízo de outrem.

Tal pensamento só se sustenta se se admitir uma interpretação, além de literal, equivocada da ordem constitucional vigente. Isso porque a norma constitucional, abstrata por natureza, estabelece as diretrizes básicas que regem uma sociedade. O papel de especificá-las fica a cargo da legislação infraconstitucional. Além disso, naquilo que contrariem os princípios fundamentais, as normas, mesmo as constitucionais, não sobrevivem.

Sem contar que uma norma constitucional, estando inserida dentro de todo um contexto, não pode, de forma alguma, ser interpretada de modo isolado. Quem assim pensa está a divergir das noções básicas de hermenêutica constitucional, que privilegiam a unicidade do sistema.

Como se isso já não bastasse, e referindo-se de modo mais específico ao caso do direito de propriedade, é a própria Constituição Federal que se encarrega de estabelecer limites a esse direito. Tal disciplina está, seja no inciso XXIII do mesmo art. 5º, seja no art. 170, III, ambos consagrando a função social da propriedade, sendo esta mais uma regra que se coaduna com a noção de repelir o abuso do direito. O próprio *caput* do art. 170 já é, em si mesmo, uma prova dessa assertiva, senão vejamos:

> Art. 170. A ordem econômica, fundada na valorização do trabalho humano e na livre-iniciativa, tem por fim, assegurar a todos existência digna, conforme os ditames da justiça social, observados os seguintes princípios. (BRASIL, 2003, p. 110)

Malgrado se tenha verificado a função social como fato limitador desse direito, é preciso se estabelecer, de logo, que este livro defenderá e enaltecerá outra faceta da função social da propriedade, o que ocorrerá quando se estiver fazendo referência específica à propriedade dos bens de produção, ou seja, à propriedade do empregador.

A Constituição Federal traz ainda expressa previsão ao repúdio contra abuso do direito. Está prenunciada no art. 9º, § 2º, que prevê penalidades legais aos abusos cometidos no exercício do direito de greve. Essa menção explícita sacramenta de vez a assertiva de que o texto constitucional recepcionou o instituto em estudo.

Não se podia deixar de referir, ainda, o art. 225 e seus incisos, que, impondo ao Poder Público e à coletividade o dever de preservação do meio ambiente, por óbvio que cria mais uma regra limitativa do exercício de direitos subjetivos. Ora, na medida em que alguém, no exercício de um direito subjetivo, esteja acarretando prejuízos ao meio ambiente, está ele cometendo abuso de direito.

Esta regra converge com o relevo que se dá ao caráter social da norma, pois prioriza aquilo que seria benéfico para a coletividade, precisando, para tanto, limitar o exercício de um direito individual. Ou seja, relativiza o direito subjetivo, impondo ao seu titular a obrigação de observar as regras que propiciem a preservação ambiental.

1.4.2. Código Civil de 2002 — Consagração

A previsão em diversas passagens da Carta Política de 1988 era o elemento que faltava para que a teoria do abuso do direito se consagrasse com a disciplina expressa deste instituto no Direito Civil pátrio.

Isso se afirma sem maiores problemas, porque a Constituição Federal de 1988 foi a principal fonte de inspiração do novo Código Civil, fazendo inserir em nossa legislação substantiva diversos elementos próprios da plenitude do Estado Democrático de Direito.

Também a jurisprudência brasileira exerceu valoroso trabalho na prática interpretativa do Código Civil de 1916, proporcionando uma adequação dos seus institutos aos princípios constitucionais consagrados. E esse trabalho dos tribunais também exerceu enorme influência na elaboração do novo Código.

Veio o Código Civil de 2002, e com ele a previsão expressa da repressão ao abuso do direito, contida no art. 187 abaixo transcrito:

> Art. 187. Também comete ato ilícito o titular de um direito que, ao exercê-lo, excede manifestamente os limites impostos pelo seu fim econômico ou social, pela boa-fé ou pelos bons costumes. (BRASIL, 2003, p. 287)

Da leitura do referido artigo, chama logo a atenção que o legislador inseriu o instituto do abuso do direito no capítulo dos atos ilícitos. Esse posicionamento dado pelo legislador faz surgir uma controvérsia em relação à teoria que foi recepcionada pelo nosso Código.

Para Humberto Theodoro Jr., o novel Código Civil segue a linha subjetiva do abuso de direito. O conceituado jurista entende dessa forma em face da interpretação sistemática que faz do referido diploma legal, pois não concebe que se possa deixar de lado o elemento intencional (subjetivo) quando se está diante de um ato ilícito, pelo que, se se considerou o abuso do direito como categoria do ato ilícito, por consequência, este traz inserida a carga subjetiva. Vejamos:

> Nosso direito positivo atual não dá ensejo a dúvidas: adotou claramente a orientação preconizada pela teoria subjetivista do abuso de direito. Primeiro definiu o ato ilícito absoluto, como fato humano integrado pelo elemento subjetivo (culpa) (art. 186). Em seguida, qualificou, de forma expressa, o exercício abusivo de direito como um ato ilícito (art. 187). (THEODORO JR., 2003, p. 118)

Mais adiante, em reforço ao seu posicionamento, diz: "O novo Código brasileiro tomou posição clara em prática, ao enquadrar o abuso na figura do ato ilícito, conduzindo, portanto, sua repressão para a disciplina da responsabilidade civil aquiliana" (THEODORO JR., 2003, p. 120).

Por conta desse posicionamento, o jurista defende, ainda, duas condições para o abuso do direito, as quais merecem reflexão: o abuso do direito pode se configurar mesmo no ato culposo em sentido estrito (o que este entende como uma raridade), e é indispensável, para a sua configuração, que este venha acompanhado de um dano.

Pensamos, sem falsa modéstia, de modo diverso daquele proposto pelo eminente processualista. Não compactuamos da sua posição de que a teoria recepcionada pelo Código de 2002 foi unicamente a subjetivista. As razões são as seguintes:

Da leitura do artigo destacado, verifica-se que o legislador definiu o instituto do abuso do direito de modo abrangente. O abuso do direito está concebido e previsto no *caput* do art. 187, e da leitura deste, com a devida vênia, não se vislumbra o elemento intencional que se exige para configuração do abuso do direito.

A leitura do § 226 do Código Civil Alemão, que adotou a teoria subjetivista, mostra bem a diferença dos diplomas que fizeram a opção por essa corrente: "o exercício de um direito não é permitido quando tem por fim único causar prejuízo a outrem". Neste artigo está claramente presente o elemento intencional.

Os elementos contidos no art. 187 são de cunho eminentemente objetivo. Ora, não se precisa aferir o elemento intencional do agente para caracterizar que este agiu em afronta à boa-fé, aos bons costumes e em desacordo com as finalidades social e econômica da lei. Tais violações, quando ocorrem, tornam desnecessária a verificação do elemento subjetivo. Basta que ocorram para que repute o ato como abusivo e, portanto, como ilícito.

Parece correto o posicionamento de Humberto Theodoro Jr. (2003) quando este afirma que não se concebe o abuso do direito sem dano, mas não se concebe, tal qual o conceituado jurista, que isso seja obra da influência da teoria subjetivista. A necessidade que se exige da ocorrência de um dano é inerente à própria figura do abuso do direito, pois, quando se está a exercer regularmente um direito, sem prejuízo de outrem, normalmente não se verifica a ocorrência da situação abusiva e, portanto, não se pode falar em responsabilidade do agente.

É o próprio autor citado que reconhece que os nossos Tribunais têm se posicionado de modo diverso, como se colhe de sua relevante citação abaixo:

> No entanto, a reunião de juristas promovida pelo Centro de Estudos Judiciários do Conselho da Justiça Federal, no período de 11 a 13 de setembro de 2002, sob a coordenação científica do Ministro Ruy Rosado de Aguiar, para analisar o novo Código Civil, divulgou enunciado segundo o qual o abuso de direito, contemplado no art. 187, prescindiria do elemento subjetivo, podendo consumar-se apenas pela conjugação de seus elementos objetivos (Enunciado 37: "A responsabilidade civil decorrente do abuso do direito independe de culpa, e fundamenta-se somente no critério objetivo-finalístico"). (THEODORO JR., 2003, p. 119)

Não só isso. O fato de o instituto constar do capítulo do ato ilícito não lhe reserva o mesmo tratamento que consta do art. 186 do Código Civil de 2002. Em verdade, tal colocação não compromete o abuso de direito, pois a intenção do legislador, ao posicioná-lo no citado capítulo, foi de propiciar o mesmo tratamento que se reserva ao ato ilícito no que diz respeito à reparação por danos.

Não se pretende discutir a natureza atribuída ao abuso de direito. O legislador quis inseri-lo no capítulo reservado para os atos ilícitos, definindo-o como tal, não cabendo ao intérprete contestar essa circunstância, pois é a lei que deve dizer o que é ou não ilícito (LOTUFO, 2003, p. 508). O art. 186 define o ato ilícito decorrente do dano provocado por alguém mediante prática de ato doloso e culposo. Já o art. 187 fala do ato ilícito provocado por abuso no exercício do direito, não mais se preocupando com a aferição da culpa do agente. O que o art. 187 pretende é retirar o manto de licitude que reveste o exercício abusivo, exagerado e desmedido de um direito. Se lhe retira a licitude o torna, pois, ilícito.

É importante frisar, ainda, que o nosso legislador contemplou o abuso do direito vinculando-o a elementos como a boa-fé, os bons costumes e as finalidades econômico/sociais da lei, porque procurou privilegiar um comportamento ético social dos titulares de um direito, ou, como prega Theodoro Jr., "[...] um comportamento leal, honesto e transparente, segundo o consenso do meio social" (2003, p. 124).

Por outro lado, outros artigos do novo Código Civil (BRASIL, 2003) preveem o abuso do direito (por exemplo, o art. 422). Num deles, o art. 1.228, § 2º, percebe-se o forte traço da teoria subjetivista, na medida em que este veda atos praticados pelo proprietário que objetivem prejudicar terceiros sem auferir utilidades ou comodidade, exatamente aquilo que se verificou nos casos pioneiros julgados pelos tribunais franceses.

Diante disso, conclui-se que o novo Código se valeu de ambas as teorias para inserir o abuso do direito em nosso ordenamento jurídico.

1.5. Do abuso de direitos nas relações de emprego

Por maior que se conceba o protecionismo, e por mais atuante que seja o Estado, mesmo assim, as relações de emprego até hoje se apresentam controvertidas. Os embates entre patrões e empregados dão ensejo às mais variadas situações, e isso leva a que ambos manifestem seus interesses, defendam seus direitos. E, no exercício desses direitos, como em todos os outros, abusos acontecem.

Como defendem juristas de nomeada, a legislação do trabalho já foi o campo mais fértil para a proliferação do abuso do direito. Enquanto vigoraram, nas relações de trabalho, os princípios da autonomia da vontade e da liberdade de contratar, os abusos cometidos pelos patrões contra os empregados marcaram época (MARTINS, 1941, p. 72).

No que se refere à repulsa ao exercício abusivo do direito, a legislação trabalhista também a contemplou. Fê-lo, é certo, com enfoque voltado mais para a proteção do empregado — hipossuficiente —, uma vez que, como visto, este ramo do direito está fortemente marcado pelo tratamento desigual da parte mais fraca da relação de emprego.

Feito esse registro inicial, têm-se, na Consolidação das Leis do Trabalho, algumas regras que reprimem o abuso do direito. Não há, é bom que se frise, uma previsão expressa, mas pode-se extrair do contexto de alguns dispositivos que o legislador trabalhista procurou preservar a função social dos direitos. Isso se colhe, com clareza, na disciplina do art. 9º da CLT:

> Art. 9º Serão nulos de pleno direito os atos praticados com o objetivo de desvirtuar, impedir ou fraudar a aplicação dos preceitos contidos na presente Consolidação. (BRASIL, 2006, p. 5)

Outros artigos ainda se propõem a evitar abusos, como é o caso dos arts. 467 e 477 (que repelem a abusiva protelação do empregador em pagar as verbas decorrentes da ruptura do contrato de trabalho), dentre outros.

Mesmo que se defenda que a Consolidação das Leis do Trabalho não contemplou, de modo expresso, o combate ao abuso do direito, os arts. 8º, e seu parágrafo único, e 769 da CLT permitem que, naquilo em que ela for omissa, se importem os dispositivos contidos nos princípios, nas normas gerais de direito, na analogia, na jurisprudência, no direito processual civil e no direito civil.

Daí conclui-se que o art. 187 do novo Código Civil é perfeitamente aplicável ao direito do trabalho, já que tal dispositivo, além de não contrariar os princípios fundamentais do direito do trabalho (a possibilidade de aplicá-lo pode ser extraída de artigos da própria Consolidação das Leis do Trabalho), preenche uma lacuna da legislação trabalhista, exercendo o papel de fonte subsidiária.

Para Edilton Meirelles, o abuso, mesmo no direito do trabalho, pode se apresentar quando verificadas as hipóteses genéricas de restrição, fora dos limites aceitos para a hipótese, de direitos e garantias fundamentais individuais e coletivos, quando estabeleçam obrigações incompatíveis com a boa-fé, com as funções econômicas e sociais e com os bons costumes, dentre outras (MEIRELLES, 2005, p. 165).

Empregador e empregado podem incorrer em abuso de direito no curso da relação de emprego. É certo que o estado de subordinação do empregado para com o empregador leva a um primeiro pensamento: essa hipótese de abuso é mais corrente por parte dos empregadores no exercício dos seus direitos. Isto é indiscutível. Não se pode, contudo, fechar os olhos para as hipóteses de abusos cometidos pelos empregados. Elas são muitas, até porque o rol de direitos do empregado é muito mais extenso que o dos empregadores.

Dentre as possibilidades de abuso capituladas no art. 187 do Código Civil, as hipóteses mais frequentes são aquelas em que os atores dessa relação exercitam seu direito em desacordo com a finalidade social. Sobre essa possibilidade se falará, com mais vagar, quando for abordada a função social da empresa.

Entende-se que a possibilidade de configuração desse abuso nas relações de trabalho reside, também, na quebra da confiança estabelecida quando da celebração do contrato de emprego. Aqui o atentado é cometido contra a boa-fé.

O exame dessa questão da boa-fé remete para a figura da boa-fé objetiva. Esta difere da boa-fé subjetiva, porque, enquanto esta impõe ao intérprete a análise da intenção do sujeito na relação jurídica, aquela configura-se como uma regra de conduta que se funda na honestidade, retidão, lealdade e, como diz Edilton Meirelles, citando a lição de Judith Martins Costa, "[...] na consideração para com os interesses do *alter*, visto como um membro do conjunto social que é juridicamente tutelado" (MEIRELLES, 2005, p. 56).

Para melhor sintetizar essa noção, socorre-se de citação trazida pelo autor antes referido:

> A boa-fé na execução do contrato consiste em que cada contratante deve salvaguardar o interesse do outro incluído mais além da disciplina legal e negocial, sempre que tal salvaguarda não implique em sacrifício apreciável ao próprio interesse. Em suma, traduzem-se em deveres de cooperação com a contraparte. (MEIRELLES, 2005, p. 60)

O mesmo autor refere-se às funções exercidas pela boa-fé objetiva. Dentre elas está a de ser norma de criação de deveres jurídicos. Esses deveres o autor classifica como: principais, que se encontram no núcleo da relação obrigacional celebrada; secundários, que se dividem em acessórios da obrigação principal e os autônomos; e laterais ou anexos, que derivam da incidência da própria boa-fé objetiva, que se caracterizam pela cooperação e proteção dos recíprocos interesses das partes relacionadas (MEIRELLES, 2005, p. 59-60).

Outra função relevante anotada para a boa-fé objetiva é justamente a de ser limitadora do exercício de direitos, o que se afina com a ferramenta do abuso de direito.

No momento da contratação, empregado e empregador firmam um pacto revestido de uma absoluta e indiscutível confiança. O caráter personalíssimo da contratação do empregado é um reforço a essa assertiva. Não se está a contratar um serviço ou uma tarefa, mas a pessoa do empregado, em face, não só da possibilidade concreta de que este pode fazer o trabalho, mas também dos atributos pessoais demonstrados pelo contratado quando do processo de sua seleção. Vale dizer, cria-se, de imediato, uma relação de confiança.

Estabelecida esta premissa, há que se destacar, ainda, que o empregado, anuindo com aquela contratação, aceita se submeter ao comando do empregador, pois, a partir desse instante, admite que sua atividade seja por ele regulada. É aí que surge o elemento fundamental para que se concretize uma relação de emprego: a subordinação.

Essa subordinação, é bom que se diga, consagrou-se como sendo de natureza jurídica, porque decorrente do contrato de emprego celebrado, motivo pelo qual se volta não só para o fim buscado — tarefa realizada —, como também para os meios utilizados para obtenção desse fim. É razoável que assim o seja, pois o empregador é o único a assimilar os riscos do negócio empresarial, o que lhe permite regular as atividades dos seus empregados. Só assim poderá controlar o andamento da sua empresa, com vistas a evitar os dissabores próprios do risco da atividade que explora.

Se é assim, o empregador detém o direito, que alguns encaram como verdadeiro poder, de regular as relações de emprego o que, em última *ratio*, se volta para a defesa direta da manutenção do seu negócio e, indiretamente, para a defesa da propriedade dos bens de produção.

Por isso, as atitudes perpetradas pelos empregados, com vistas a criar obstáculos ou embaraços à defesa desse direito do empregador de defender a empresa e os meios de produção, implicam quebra do pacto de subordinação estabelecido no ato da contratação. Vale dizer, equivalem àquilo que Menezes Cordeiro (1984) sistematizou como sendo o *venire contra factum proprium*. O fato próprio seria a possibilidade que se conferiu ao empregador de regular suas atividades, com vistas à proteção da atividade empresarial, consequência do estado de subordinação que é o traço que distingue o contrato de trabalho dos demais. O *venire* é exatamente essa atitude contrária ao que se estabeleceu no ato da contratação, atitude essa que se constituirá na prática como um ato lícito — defesa de um direito. Essa ideia será mais explorada adiante.

Não só isso. Os empregados acabam violando alguns daqueles deveres laterais que surgem com a figura da boa-fé objetiva. Dentre eles podem ser citados, aproveitando a tipificação eleita por Edilton Meirelles, o dever de cuidado, previdência, proteção e segurança com a pessoa e o patrimônio da contraparte, inclusive contra danos morais, que o mesmo autor exemplifica no dever do empregado de cuidar do patrimônio do empregador de modo a não lhe causar dano (MEIRELLES, 2005, p. 61); dever de colaboração, que o autor resume em valorosa citação que extrai da obra de Alfredo Montoya Melgar, em que diz que "[...] colaborar, portanto, 'não é só trabalhar com outro, senão trabalhar cuidando dos interesses legítimos desse outro'" (MEIRELLES, 2005, p. 64). Essa é a fonte normativa dos deveres laterais, que o mesmo autor diz ser uma forma de impedir que danos venham a ser provocados aos bens materiais e imateriais dos contratantes.

Eduardo Milléo Baracat também alerta para esses deveres, referindo-se à boa-fé objetiva, quando diz que o empregado deve colaborar e cooperar exercendo suas atribuições com diligência, assiduidade e probidade, respeitando as ordens e as normas empresariais, além de ter de zelar pelo patrimônio da empresa nos limites da sua responsabilidade (BARACAT, 2003, p. 254-255).

Do mesmo modo, os empregadores que exercerem esse direito de regular as relações de trabalho de modo exagerado e desmedido estarão a cometer abuso de direito, pois estarão maculando a boa-fé que os seus empregados depositaram naquela relação. Afinal de contas, a contratação dos mesmos resultou de uma imediata relação de confiança que se estabeleceu. Essas noções servirão de base para a delimitação do problema a seguir explanado. E voltarão a ser postas, explicitamente, quando da abordagem dos direitos fundamentais que podem ser exercidos abusivamente.

2.

DOS DIREITOS FUNDAMENTAIS

2.1. Definição do que seja direito fundamental

O problema que aqui se coloca em discussão impõe que se dedique um capítulo aos direitos fundamentais. O objetivo, contudo, não é tratá-los de modo exaustivo e pormenorizado, pois vários doutrinadores de escol já o fizeram. A abordagem a que se dispõe aqui deve ser voltada para os aspectos que interessem no processo de inserção desses direitos nas relações de emprego, as limitações de ordem geral que se apresentam no exercício desses direitos, as peculiaridades dessas restrições em face do estado de subordinação que marca a relação entre patrão e empregado e, por fim, a ponderação dos interesses envoltos nas revistas de empregado no ambiente de trabalho.

Nessa diretriz, o primeiro passo é tentar definir quais direitos, no Brasil, podem ser chamados de fundamentais. Para solução desse desafio inicial, nada melhor do que apresentar um conceito que seja suficientemente claro e abrangente, a fim de que este sirva de moldura para encaixe daquilo que é, verdadeiramente, direito fundamental em nosso ordenamento. Arion Sayão Romita parece ter encontrado esse almejado conceito:

> Pode-se definir direitos fundamentais como os que, em dado momento histórico, fundados no reconhecimento da dignidade da pessoa humana, asseguram a cada homem as garantias de liberdade, igualdade, solidariedade, cidadania e justiça. Este é o núcleo essencial da noção de direitos fundamentais, aquilo que identifica a fundamentalidade dos direitos. Poderiam ser acrescentadas as notas acidentais de exigência do respeito a essas garantias por parte dos demais homens, dos grupos e do Estado e bem assim a possibilidade de postular a efetiva proteção do Estado em caso de ofensa. (ROMITA, 2005, p. 36)

Decompondo-se esse conceito, a exemplo do que fez o referido autor, chega-se a constatações relevantes, que merecem destaque.

A primeira delas refere-se ao fato de se tratar de direitos que oscilam a depender do momento histórico em que estão inseridos. Essa noção demanda a ideia de que o sistema positivado de direitos fundamentais não é taxativo, *numerus clausus*. São, em verdade, cláusulas abertas que oscilam conforme se apresentem os fatos da vida. A esse respeito, eis o magistério de Roxana Borges, referindo-se aos direitos da personalidade, que estão inseridos no rol dos direitos fundamentais:

> Assim, nem os direitos da personalidade presentes na Constituição Federal nem a listagem contida no texto do Código Civil de 2002 são listas exaustivas ou taxativas dos direitos de personalidade, uma vez que estes não são unicamente direitos típicos. Pelo contrário, são listas apenas exemplificativas e refletem dado momento histórico que está em veloz mutação. Lembre-se da regra do art. 5º, § 2º, do texto constitucional, que afirma que os direitos e garantias ali previstos não excluem outros que venham a ser reconhecidos posteriormente. (BORGES, 2005, p. 25)

Essa oscilação, contudo, não atende ao interesse de um dado grupo, categoria ou indivíduo. Tem ela um caráter geral, que impõe que a mesma contemple o ser humano, observadas as evoluções sociais, políticas e culturais da sociedade em que está inserido o rol de direitos fundamentais.

Com isso, deve-se enaltecer a segunda parte do conceito a ser analisada, que é justamente a vinculação do mesmo com a dignidade da pessoa humana. Esse princípio, que surge com força no preâmbulo da Declaração Universal dos Direitos do Homem e que se fez inserir em quase todos os ordenamentos jurídicos, inclusive no brasileiro, é a baliza que irá adequar os direitos fundamentais. Mais adiante se voltará a falar sobre esse importante princípio, mas, por ora, deve-se dizer que, em nome de preservar o ser humano através da tutela da sua dignidade, o rol de direitos fundamentais adquire novas formas e facetas, sendo um sistema aberto e em contínua mutação.

O conceito impõe, ainda, a manifestação acerca das garantias buscadas com a tutela desses direitos. As noções de liberdade, igualdade, solidariedade, cidadania e justiça merecem manifestação em destacado.

Para se fazer uma abordagem dessas garantias, é preciso se falar, primeiro, da noção de Estado Democrático de Direito, que, no dizer de Manoel Jorge e Silva Neto, constituiu-se como o primeiro dos princípios fundamentais em espécie. Estado Democrático de Direito, no entender do citado autor, implica um Estado de Direito e de Justiça Social (SILVA NETO, 2005, p. 18).

Esse princípio fundamental, previsto no art. 1º da Carta Magna brasileira, vincula o ordenamento jurídico como um todo, impondo a este modificar-se de acordo com as transformações sociais. Isso reforça a ideia de que o sistema de direitos fundamentais não aceita uma tipificação estática. É certo que essas modificações não podem ocorrer em quaisquer circunstâncias, porque a solidez e a segurança do direito posto também são uma das formas de se garantir um Estado Democrático de Direito.

A noção de liberdade é por demais ampla. Ela envolve, como o nome está a dizer, um leque de liberdades e de direitos que se afiguram essenciais para a sobrevivência digna do homem. Ela se materializa, no entender de Arion Sayão Romita, nos direitos

> [...] à liberdade e à segurança; respeito à vida privada e familiar; proteção dos dados de caráter pessoal; direito de se casar e de fundar uma família; liberdade de pensamento, de consciência e de religião; liberdade de expressão e de informação; liberdade de reunião e de associação; liberdade das artes e das ciências; direito à educação; liberdade profissional e direito de trabalhar; liberdade de exercício de atividade econômica; direito de propriedade; direito de asilo; proteção em caso de expulsão e extradição. (ROMITA, 2005, p. 38)

Vê-se inserido aqui o rol dinâmico dos direitos da personalidade.

Por igualdade tem-se a ideia concebida de que os homens são iguais no plano jurídico, não se cogitando da lei tratá-los de modo desigual, exceto quando precisar privilegiar um em detrimento de outro, para colocá-los num mesmo patamar. Outra ideia que vem à mente é a repulsa aos atos discriminatórios, por motivo de raça, cor, sexo e mesmo por motivo de limitações ou deficiências físicas. A respeito da igualdade discorremos um pouco mais adiante, pois a incessante busca desse valor fez que se consagrasse a tutela jurídica dos direitos fundamentais.

Os direitos que garantem uma situação de solidariedade são os de seguridade, assistência social, proteção ao meio ambiente, proteção da saúde, acesso aos serviços de interesse econômico geral, direito a condições de trabalho justas e equitativas, proibição do trabalho da criança e proteção ao do adolescente etc. (ROMITA, 2005, p. 38).

Quando se fala em cidadania, o primeiro pensamento gravita em torno dos direitos de votar e ser votado. No entanto, a inserção desse direito como um dos fundamentos do Estado brasileiro implica conceber uma ampliação dessa garantia, como ressalta Manoel Jorge e Silva Neto:

> O reconhecimento da cidadania em um sistema político está na razão direta da sua capacidade de garantir às pessoas o direito à liberdade, à igualdade substancial, à vida, à incolumidade física — direitos criados pelo constitucionalismo clássico —, mas, sobretudo, os atinentes à educação, à saúde, ao trabalho — enfim todos os direitos de caráter prestacional — além, é claro, como que não poderia deixar de ser, dos direitos políticos. Tem-se, assim, que a cidadania abrange os direitos políticos, mas não deve ser a eles limitada, porquanto a sua incorporação ao *status* constitucional de um dos fundamentos do Estado brasileiro tece uma rede de proteção em torno das pessoas, reforçando a ideia de

que a sociedade política criada a partir de 1988 deve porfiar pela consecução dos direitos e garantias fundamentais, inclusive por força da adoção de iniciativas públicas destinadas a fazer com que o indivíduo se torne um cidadão — efetivo usuário dos bens e serviços decorrentes do desenvolvimento econômico. (SILVA NETO, 2005, p. 20-21)

Nota-se, dessa ampliação do direito à cidadania, que esta está cada vez mais próxima da dignidade da pessoa humana, chegando quase a se confundir com esta. Aliás, esta ampliação do conceito atesta o quanto afirmado em linhas anteriores, de que os direitos fundamentais são cláusulas abertas, sujeitas às oscilações e mudanças com o passar do tempo.

Por isso mesmo, a esse feixe de direitos que encerram a ideia de cidadania acrescentam-se os direitos de propriedade, de exercício de atividade econômica, os quais, a exemplo dos outros, também garantem existência digna aos cidadãos.

Antes mesmo de se falar da última garantia estabelecida no conceito escolhido para nortear esse trabalho, há que se acrescentar dentre elas, suprindo uma lacuna deixada por Arion Sayão Romita, que os direitos fundamentais no Brasil visam proteger, também, os valores sociais do trabalho e da livre-iniciativa. Esse fundamento do Estado brasileiro merece destaque no presente trabalho, porque para aqueles defensores fervorosos de que a atividade empresarial não pode, em hipótese alguma, invadir a esfera privada do empregado, só se pode aceitar essa ideia se se admitir que o inciso IV do art. 1º e o art. 170, ambos da Constituição brasileira, apresentam uma contradição em seus termos.

Sim, porque do mesmo modo que a valorização do trabalho social garante dignidade ao cidadão brasileiro, também o faz a preservação do princípio da livre-iniciativa. No dizer de Manoel Jorge e Silva Neto, falar em valor social do trabalho é admitir que este não se resumirá a um mero fator produtivo, mas também será uma fonte de realização material moral e espiritual do trabalhador (SILVA NETO, 2005, p. 24).

Se isso é certo, não menos correta é a noção de que a preservação da livre--iniciativa como um dos pilares do Estado brasileiro e fundamento da nossa ordem econômica implica permitir ao empregador a defesa do seu patrimônio, o que, necessariamente implicará a manutenção da existência da sua empresa e, em última *ratio*, na preservação dos postos de trabalho que ela criou, exercendo a sua inequívoca função social. Só assim se poderá falar em dignidade para o próprio trabalhador. Essa concepção será desenvolvida com mais vagar e minúcia em momento próprio desta obra.

Por fim, a justiça, que alberga as garantias de direito de acesso à justiça, à ampla defesa, ao contraditório, à presunção de inocência, à fundamentação das decisões do Poder Judiciário.

Concluindo o trabalho de decomposição do conceito de direitos fundamentais, há que se dar relevo ao posicionamento do Estado e dos outros homens ante esses direitos. O Estado assume o papel passivo/omissivo de respeitar essas garantias, e ativo/comissivo de fazer valer as mesmas quando é chamado para preservá-las e protegê-las das violações que podem ser perpetradas por outros particulares. Nesse particular, será feita uma abordagem em destacado a respeito do tema, que será exposta no item 2.3, porque, antes, é preciso enaltecer a dignidade da pessoa humana e a importância do rol de direitos fundamentais para efetivação desse valor.

2.2. Direitos fundamentais e dignidade da pessoa humana

Antes de se falar da incidência dos direitos fundamentais nas relações privadas, é preciso que sejam tecidas considerações a respeito do papel da dignidade da pessoa humana no estudo dos direitos fundamentais. E essa análise começa com uma afirmação, que adiante será justificada: o que os direitos fundamentais visam, na sua essência, é proporcionar ao ser humano uma condição digna de sobrevivência.

Falar de direitos fundamentais atrelando-os à noção de dignidade da pessoa humana implica falar da evolução histórica dos direitos humanos, começando pelo período liberal, até se chegar à fase em que os mesmos obtiveram *status* constitucional, invadindo as cartas políticas de inúmeras nações.

O direito concebia o homem como um ser dotado de personalidade, mas carente de dignidade. Isso porque se projetava o homem como um ser abstrato, que deveria receber tratamento igual ao do seu semelhante, estivessem eles em condição ou não de igualdade material. Esse período marcou a época da consagração da igualdade formal. O homem era, puramente, parte de uma relação. Neste sentido, manifestou-se Roxana Borges:

> Assim, o homem, ao ser dotado de personalidade jurídica, não era considerado como ser humano dotado de dignidade, mas apenas como parte numa relação, um dos polos num vínculo tecnicamente previsto que ligava um ao outro, atribuindo a esses polos direitos e deveres técnicos (jurídicos). Dessa forma, as pessoas, juntamente com os fatos e os objetos, eram nada mais que a matéria-prima das relações jurídicas. E, na condição de matéria-prima, eram, por consequência, valoradas como meio. Essa concepção de personalidade, conforme escreveu Pietro Perlingieri, não atribui a essa pessoa seu real valor, pois considera o sujeito em termos meramente mecanicistas. (BORGES, 2005, p. 09-10)

Esse foi o homem previsto, por exemplo, pelo Direito Civil brasileiro, na vigência do Código de 1916. Não era atribuído ao homem o seu verdadeiro valor.

Contudo, atento ao mundo dos fatos, o direito não ficou alheio ao crescente processo de desvalorização do homem enquanto ser. As ideias próprias do liberalismo atribuíam enorme valor à defesa dos direitos patrimoniais. Foi esse o mote do movimento revolucionário francês.

A transformação da ordem econômica proporcionada pela Revolução Industrial expôs as vísceras da exploração do homem pelo homem. Esse evento já foi germinando a necessidade de se conceber a tutela jurídica voltada para a valorização da pessoa humana, pois a ordem vigente, patrimonialista, mesmo prevendo direitos voltados para o homem abstrato, pouco se importava com o homem concreto.

No entanto, foi preciso o trágico acontecimento da Segunda Guerra Mundial, que expôs os horrores do nazismo de Hitler, para que se passasse a pensar numa ordem mundial voltada para a valorização do homem. Veio, assim, a Declaração Universal dos Direitos Humanos, buscando atingir esse objetivo de conferir um maior valor ao ser humano (BORGES, 2005, p. 13).

A referida Declaração, de 1948, trouxe em seu preâmbulo a seguinte previsão: "O reconhecimento da dignidade inerente a todos os membros da família humana e de seus direitos iguais e inalienáveis é o fundamento da liberdade, da justiça e a da paz no mundo".

A dita declaração foi incorporada e inserida no texto constitucional de muitas nações, notadamente naquelas que se dispuseram a consagrar um Estado Democrático de Direito. A dignidade humana, contudo, não é uma criação do direito, como afirma, com propriedade, Manoel Jorge e Silva Neto, citando pensamento exposto por José Afonso da Silva:

> a dignidade da pessoa humana não é uma criação constitucional, pois ela é um desses conceitos *a priori*, um dado preexistente a toda experiência especulativa, tal como a própria pessoa humana. A Constituição, reconhecendo a sua existência e a sua iminência, transforma-a num valor supremo da ordem jurídica, quando a declara como um dos fundamentos da República Federativa do Brasil, constituída em Estado Democrático de Direito. (SILVA NETO, 2005, p. 22)

De fato, a dignidade da pessoa não foi criada pelo direito. Pode-se afirmar que a dignidade da pessoa humana, antes de se constituir em princípio ou regra, é um valor. É fato que existe uma discussão em sede doutrinária acerca da natureza da dignidade. Enquanto alguns defendem a sua condição de valor, outros sustentam ser ela um direito fundamental próprio. Contudo, acredita-se que uma faceta não é capaz de fazer desaparecer a outra; pelo contrário, a existência de ambas reforça a importância da dignidade. As duas noções se complementam.

Arion Sayão Romita, malgrado atrele a efetivação da dignidade à observância dos direitos fundamentais, reconhece que essa não se esgota nesse rol de direitos:

> Os direitos fundamentais asseguram as condições da dignidade e, não obstante a violação da norma, apesar da agressão, a dignidade estará preservada, porque ela é um valor intangível. A dignidade não se esgota nos direitos fundamentais, entretanto, só terá sua dignidade respeitada o indivíduo cujos direitos fundamentais forem observados e realizados. (ROMITA, 2005, p. 143)

O valor em análise tem sua raiz doutrinária fincada na Doutrina Cristã do Evangelho, que difundiu a ideia do Homem como ser criado à imagem e semelhança de Deus, prevista no Gênesis; o brocardo cristão do amor incondicional ao próximo, citado pelo Novo Testamento; a igualdade dos povos perante Deus, estabelecida pela Epístola de São Paulo aos Gálatas, dentre outros exemplos. Junto com essas noções pode-se dizer que a dignidade também foi difundida pelas ideias do humanismo renascentista de Pico della Mirandolla, consagrado pensador italiano. Mas, pode-se dizer que o ápice da origem da dignidade é atingido na filosofia Iluminista, com o pensamento difundido por Kant, no sentido de que o homem não é um meio para se atingir determinado fim, mas um fim em si mesmo, pelo que não tem preço, e sim dignidade (SARMENTO, 2004, p. 111-112).

Mas foi preciso que o direito reconhecesse, expressamente, a dignidade da pessoa humana como princípio para que se estabelecesse como ordem jurídica o respeito à mesma. Os fatos acima narrados, indiscutivelmente, criaram essa consciência, e passou-se a adotar um costume marcado pela incorporação nos textos constitucionais do chamado direito internacional dos direitos humanos (CASTRO, 2002, p. 81).

Essa constitucionalização da dignidade da pessoa humana, em última análise, visava uma personalização das Constituições, o que objetivava fazer que os textos constitucionais se voltassem para a tutela da pessoa humana e, por conseguinte, da sua dignidade. Foi este o intento da Carta Política brasileira de 1988, como bem identificado pela doutrina:

> Mas firmar como fundamento do Estado brasileiro a dignidade da pessoa humana deixa à mostra a obrigatoriedade de pôr no núcleo central das atenções o indivíduo, quer seja para torná-lo efetivamente destinatário dos direitos de cunho prestacional, quer ainda para demarcar, com precisão, a ideia de que o mais elevado e sublime propósito cometido à sociedade política é enaltecer a dignidade das pessoas que a compõem. (SILVA NETO, 2005, p. 22)

Esse movimento de constitucionalização dos direitos fundamentais tem íntima ligação com a mudança do paradigma liberal para o paradigma social, que adiante será tratada com mais vagar e minúcia.

O importante a se dizer é que a dignidade da pessoa humana, erigida a *status* constitucional, como ocorreu na nossa Carta Política de 1988, humaniza o texto constitucional. Não só isso. Quando esta é posta como fundamento da República, concretizando o Estado Democrático de Direito, diante da sua importância, muitos sustentam que ela se torna a baliza de todos os atos estatais e também daqueles praticados pelos particulares, constituindo-se no epicentro axiológico da ordem constitucional (SARMENTO, 2003, p. 59-60).

Esse movimento de humanização do texto constitucional teve direta influência nas relações privadas como um todo, e acabou incidindo diretamente no próprio direito civil, que detinha uma forte veia patrimonialista. Ocorreu o fenômeno que a doutrina apelidou de "repersonalização" do direito privado, bem sintetizado por Luiz Edson Fachin, na proposta que ele faz de releitura do direito civil à luz da tábua axiológica constitucional:

> Os princípios aparecem em outro movimento que Direito Privado começa a sofrer, o da "repersonalização", que significa discutir os valores que o sistema jurídico colocou em seu centro e em sua periferia. O Código Civil brasileiro, efetivamente, tem seu núcleo na noção de patrimônio, o que acaba por promover uma alteração espacial no interior da disciplina jurídica atinente às relações entre as pessoas. Esse movimento coloca no centro as pessoas e as suas necessidades fundamentais, tais como a habitação minimamente digna. (FACHIN, 2003, p. 78)

Ninguém em sã consciência discute a importância e o relevo da dignidade da pessoa humana. O problema está em conceituar essa dignidade. Isso porque não se tem como estabelecer critérios objetivos para se dizer que determinadas garantias precisam estar presentes para que se diga que foi atendido o princípio da dignidade da pessoa humana.

Como referido acima, exatamente porque a dignidade da pessoa humana não é uma criação do direito, não se pode conceber que essa ciência consiga prever um conceito objetivo e imutável de dignidade. Neste sentido é o magistério de Roxana Borges: "[...] o conteúdo da dignidade não é determinado expressamente pelo direito e dependerá das circunstâncias sociais e do próprio sentimento de dignidade que cada pessoa tem a respeito de si mesma" (BORGES, 2005, p. 16).

Decerto. Se não se pode conceber o conceito abstrato de homem, da mesma forma, o direito não pode estabelecer um conteúdo fixo para o que seja dignidade da pessoa humana. Mais do que isso, não se pode criar e lançar mão de um conceito abstrato de dignidade da pessoa humana para, com isso, se estabelecer limites à autonomia de outras pessoas, pois há diferentes concepções de vida, nos âmbitos religioso, moral, social, cultural ou jurídico (BORGES, 2005, p. 138).

Alguns defendem a existência de um conteúdo mínimo existencial garantidor da dignidade, como fez, por exemplo, Arion Sayão Romita quando disse que "[...] a consagração, a garantia, a promoção e o respeito efetivos dos direitos fundamentais constituem o mínimo ético que deve ser acatado por toda a sociedade e todo direito que desejem apresentar-se como uma sociedade e um direito justos" (ROMITA, 2005, p. 140). No entanto, ousamos divergir do eminente autor, pois, nas situações em que direitos fundamentais de pessoas distintas estiverem em colisão, um cederá espaço para o outro, e nem por isso se pode afirmar que aquele que cedeu deixou de ter garantida sua dignidade.

O importante a se afirmar é que o conceito de dignidade deve ser aberto de modo a contemplar as diferenças. Com isso, admite-se a aferição da dignidade em concreto, não em abstrato. Precisas são as palavras de Ingo Wolfgang Sarlet, *apud* Roxana Borges, quando disse que não existe um consenso a respeito do conteúdo jurídico da dignidade da pessoa humana, pois é preciso se aferir em cada caso concreto, já que se trata de termo dotado de alto grau de abstração e indeterminação. Estabelecer-se um conceito fixista implica ignorar o pluralismo dos valores que se manifestam nas sociedades (BORGES, 2005, p. 139-140). Se a pessoa humana existe, verdadeiramente, no plano concreto e não abstrato, como já se defendeu acima, do mesmo modo é com a sua dignidade.

De fato, as sociedades, sobretudo as ocidentais, são marcadas pelo pluralismo, e a tentativa de se estabelecer um conceito monista, geral, oficial, do que seja dignidade fracassa diante das diversidades que se apresentarão reclamando, do mesmo modo, a tutela do Estado, sob o argumento de violação da dignidade. Sim, porque esse conceito fixo expressará a vontade de um grupo dessa sociedade, que normalmente será a maioria, mas pode até ser uma minoria privilegiada. Isso atentará contra a dignidade daqueles que ficaram de fora da moldura estabelecida. Neste particular, a doutrina faz um preciso relato:

> Tem-se utilizado o "princípio da dignidade humana" para negar dignidade a algumas pessoas, sob um sentimento de moral oficial que deve ser imposto a todos. É a negação judicial, arbitrária, da alteridade, do reconhecimento da pessoa do outro como sujeito de direito, do reconhecimento do outro como diverso. (BORGES, 2005, p. 144)

Defender um conceito monista implica, ainda, ferir a liberdade daqueles que optaram por uma dignidade que não se encaixa na moldura predisposta. E ferir a liberdade, mais uma vez, é atentar contra a dignidade da pessoa humana enquanto valor. Isso reforça a afirmação acima expressada, de que a dignidade pode se apresentar como um direito, mas também como um valor. E quando esta se mostrar como valor, o que o direito deve tutelar não é a dignidade em si, mas o respeito a ela.

Concorda-se novamente com Roxana Borges quando defende que:

> [...] o verdadeiro papel do princípio da dignidade humana em nosso ordenamento jurídico é: garantir a emancipação do homem, através do respeito por suas diferenças, do respeito por suas características, por sua consciência e sua faculdade de se autodeterminar conforme seu próprio sentimento de dignidade. (BORGES, 2005, p. 146)

Não se quer, com essa defesa, possibilitar a permissividade abusiva em nome da existência de várias formas de dignidade. Como afirmado por Roxana Borges, citando Ingo Wolgang Sarlet, e este, por sua vez, aludindo ao pensamento de Laurence Tribe, "[...] a dignidade (assim como a Constituição) não deve ser tratada como um espelho no qual todos veem o que desejam ver" (BORGES, 2005, p. 139). Custou muito caro à sociedade ver consagrada, constitucionalmente, a dignidade da pessoa humana.

O operador do direito deve encontrar o caminho da razoabilidade e decidir, no caso concreto, se determinada situação se mostra ou não em conformidade com aquilo que se pode afirmar como digno para as pessoas envolvidas naquele conflito. O que não se pode admitir é a criação de uma moldura estabelecendo o que seja dignidade, deixando de fora dela outras manifestações nesse sentido.

Sendo assim, não se concebe que a dignidade tenha como uma espécie de núcleo duro o cumprimento fiel dos direitos fundamentais. Exatamente porque, num dado caso concreto, direitos fundamentais estarão em conflito e, para dirimir esse litígio, um dos titulares cederá diante do outro. Nem por isso terá abalada sua dignidade, até porque isso não implicará o desaparecimento desse direito do mundo jurídico. Em outro conflito, em que envoltos os mesmos direitos fundamentais, aquele direito que cedeu poderá prevalecer. A análise, pois, será sempre casuística.

Exatamente porque todos devem ter assegurada a sua dignidade é que se afirmou que os direitos fundamentais visam garantir essa vida digna. A dignidade enquanto valor, mutável, aberto, é o fundamento dos direitos humanos. Quando algum dos direitos fundamentais, qualquer que seja a família a que pertença, é violado, é a dignidade que está sendo ferida (ROMITA, 2005, p. 143). E se os direitos fundamentais podem entrar em conflito, não se concebe que a noção de dignidade seja imutável, porque, se assim o fosse, dirimir o conflito implicaria ferir a dignidade daquele que viu seu direito preterido no caso concreto.

A questão é controvertida e, exatamente por isso, a multiplicidade de pontos de vista enriquece o debate e ajuda a decifrar o instituto, como afirma Bobbio, citado por Romita:

> Sucede quase sempre que quando surge um novo ponto de vista para observar determinado campo da realidade, condena-se apressadamente o anterior, como se este fosse não só diferente como também equivocado. Ignora-se ou finge-se ignorar, por força do vício comum a todas as escolas de tender ao exclusivismo, que todo campo da realidade pode ser considerado a partir de muitos pontos de vista, e que, antes, esta multiplicidade de enfoques ajuda a melhor compreendê-la. (ROMITA, 2005, p. 147)

Postas essas ideias, parte-se então para a defesa da efetividade plena dos direitos fundamentais, abordando-se a sua consagração, com a inserção dos mesmos nas relações privadas.

2.3. Dos direitos fundamentais — Incidência nas relações privadas

A doutrina constitucional moderna vem dando cada vez mais destaque para a incidência dos direitos fundamentais nas relações privadas. Tal fato decorre da quebra do paradigma histórico dos direitos fundamentais como algo que surgiu e se impôs em face da necessidade de o homem se proteger contra os poderes do Estado.

A evolução dos fatos da vida fez que surgisse com força a necessidade de o homem se defender contra os abusos porventura cometidos pelo Estado no exercício do poder que lhe foi legitimado, mas, também, contra os particulares nas celebrações de todas as espécies de negócios jurídicos.

Ganha relevo a noção de que os direitos fundamentais se materializam através de cláusulas gerais, que, no entender de Gilmar Mendes, seriam a porta de entrada dos direitos fundamentais na seara dos direitos privados (MENDES, 1999, p. 224).

Posta a ideia de que os direitos fundamentais explodem a soberania da autonomia da vontade e invadem a relação entre particulares, surge, assim, a incidência destes nas duas relações jurídicas concebidas para o homem.

Na relação cidadão e Estado, a problemática mostra-se com a solução facilitada pelo fato de que um dos atores não é titular de direito fundamental. Assim, a sua omissão perante o exercício de um desses direitos fundamentais não está a ferir um outro direito, estatal. Em verdade, essa atitude negativa do Estado em respeito ao exercício de um direito fundamental nada mais é do que um limite do exercício de um poder, poder este que, em regra, foi legitimado pelo próprio titular do direito fundamental, enquanto cidadão.

Se é fato que numa sociedade democrática o poder emana do povo, é certo, também, que a legitimação que é dada ao Estado pelo cidadão comporta um exercício regular e não abusivo desse poder, o que só se verificará se respeitados os direitos fundamentais do cidadão. Sem contar o inequívoco estado de sujeição do cidadão para com o Estado, quando esse último está no exercício, mesmo regular, do poder que lhe foi outorgado.

Já a incidência dos direitos fundamentais nas relações entre os particulares veio como forma de frear o ímpeto das ideias enraizadas da autonomia da vontade e da liberdade contratual. Sim, porque, em nome de se preservar essas duas garantias, cogitou-se a possibilidade de celebração de negócios jurídicos com plena liberdade de ajuste, mesmo que isso implicasse, algumas das vezes, violação de direitos fundamentais. Hoje, esta ideia não resiste.

A esse fenômeno de aplicabilidade dos direitos fundamentais nas relações privadas dá-se o nome de efetividade dos direitos fundamentais.

É verdade que alguns resistiram e defenderam que os direitos fundamentais não podem incidir nas relações privadas. É o que defende, por exemplo, Konrad Hesse, citado por Arion Sayão Romita, ao dizer que:

> [...] os direitos fundamentais, em geral, não podem vincular diretamente privados. A eficácia direta dos direitos fundamentais sobre as relações

privadas, nas quais os sujeitos participam de forma igual da proteção por eles dispensada, acarretaria restrição inadmissível à autonomia privada, podendo alterar o próprio significado do direito privado. (ROMITA, 2005, p. 173)

Mas, mesmo Konrad Hesse, ainda quando defenda ponto de vista contrário à incidência dos direitos fundamentais nas relações privadas, acaba se rendendo a uma circunstância verificada nas relações entre particulares e admite a referida incidência. É isso que se nota da citação feita por Romita a respeito do pensamento do autor alemão:

> [...] a ingerência dos direitos fundamentais nas relações jurídico-privadas quando se trata de proteção da liberdade pessoal contra o exercício do poder econômico e social. Neste caso, da mesma forma como na relação do particular com o poder estatal, a mesma medida mínima de liberdade está posta em perigo. Para garantia da liberdade do particular situado em posição de sujeição ao poder econômico social do outro sujeito, admite-se a incidência dos direitos fundamentais, como elementos da ordem subjetiva da coletividade. (ROMITA, 2005, p. 173)

Em suma, a aplicação dos direitos fundamentais nas relações entre particulares afigura-se como nítida limitação à autonomia da vontade e à liberdade contratual. Exatamente por isso, a tarefa de aplicabilidade dos direitos fundamentais nas relações privadas exige um intenso e incessante exercício de razoabilidade, por força da controvérsia que essa efetivação encerra. Nesse sentido, expõe Daniel Sarmento:

> Mas, se parece hoje inquestionável a necessidade de extensão dos direitos fundamentais à arena das relações privadas, muito mais polêmica é a forma e a intensidade desta incidência. Neste particular é oportuno recordar que, diversamente do Estado, que tem de ser juridicamente limitado, o indivíduo é essencialmente livre, e a sua autonomia, numa ordem democrática, constitui direitos fundamental constitucionalmente protegido. Não seria aceitável sujeitar o cidadão ao mesmo regime vigente para o Estado, na qualidade de sujeito passivo dos direitos fundamentais, diante da liberdade constitucionalmente desfrutada pelo primeiro, que se apresenta como corolário inafastável da sua dignidade como pessoa humana, em oposição ao caráter intrinsecamente limitado do segundo. (SARMENTO, 2004, p. 5-6)

Preciso e idêntico é o pensamento de Robert Alexy:

> En la cuestion acerca de cómo las normas jusfundamentales influyen en la relacion ciudadano/ciudadano, se trata de un problema de construcción. La cuestión acerca de en qué medida lo hacen formula un problema material, es decir, um problema de colision. Tanto el problema de construcción como el de colisión resultan de uma diferencia

> fundamental entre la relación Estado/ciudadano y la relación ciudadano/ciudadano. La relación Estado/ciudadano es una relación entre un titular de derecho fundamental y un no titular de derecho fundamental. En cambio, la relación ciudadano/ciudadano es una relación entre titulares de derechos fundamentales. (ALEXY, 2002, p. 511)

É fato que as garantias liberais acima referidas foram conquistas caras para a sociedade. Muitas vidas foram ceifadas até que a burguesia francesa obtivesse a vitória no movimento revolucionário que estabeleceu. O significado dessa vitória fez que os ideais impostos pelo movimento revolucionário ecoassem por muitas nações. O chamado paradigma liberal, pautado nas ideias de liberdade, igualdade e fraternidade, informou os mais variados ordenamentos jurídicos ao redor do mundo.

Pregou-se a ideia de que o homem dispunha de um feixe de direitos, e que ao Estado cabia respeitá-los. Isso só seria obtido se fosse reservado largo espaço para que o cidadão exercesse sua liberdade, liberdade esta que se materializou com mais ênfase no permissivo conferido ao cidadão para contratar livremente. Firmes nessas premissas surgiram os direitos fundamentais, fato que leva a que a doutrina afirme que os ideais da Revolução Francesa formam a tábua axiológica desses direitos, como fez Daniel Sarmento:

> Basta lembrar que os ideais da Revolução Francesa — igualdade, liberdade e fraternidade — são ainda hoje a fonte axiológica de onde promanam, como de um manancial inesgotável, os direitos fundamentais, modelados por novas exigências impostas pela consciência dos povos, que a história vai tratando de incorporar ao patrimônio jurídico da humanidade. (SARMENTO, 2004, p. 24)

Perante o Estado, esses ideais surtiram o efeito esperado e desejado. Sim, porque os ordenamentos jurídicos das nações, guiando-se por essas premissas, permitiram que se efetivasse o respeito das autoridades para com esses direitos do cidadão. O problema surge, exatamente, quando se passa para a relação entre os particulares. Isso porque, partia-se do plano de uma igualdade formal entre os cidadãos que celebravam as avenças, o que, no plano da igualdade material, não se verificava. O Homem referido nas Constituições e nos códigos era algo abstrato, não era uma pessoa concreta, portadora de necessidades e anseios (SARMENTO, 2004, p. 28). Com isso, não era possível se aferir a noção concreta de que, no plano material, os indivíduos eram diferentes, uns carecendo de mais tutela do que outros.

Essa diferença, por vezes profunda, foi plenamente sentida quando do advento da Revolução Industrial. Esse evento, de extremo significado para a economia mundial, expôs de modo visceral a dura realidade da exploração do homem pelo homem. Aos olhos do paradigma liberal, essa realidade não trazia nada de anormal, porque, malgrado se pregasse a ideia de fraternidade, eram a liberdade e a igualdade, sintetizadas na autonomia privada e na liberdade contratual, que refletiam, na prática, a vitória do liberalismo. Sim, porque bastava que o Estado não interferisse nessa relação para que fossem preservados os dogmas liberais.

Esse liberalismo econômico, porém, passou a ser duramente criticado, porque as noções que ele pregava não mais atendiam plenamente à tutela dos direitos do cidadão. A situação dos trabalhadores explorados pelo movimento industrial, reclamava uma proteção desses oprimidos, sem o que os direitos fundamentais destes não se realizariam. E, nesse instante, houve um retorno à ideia de que o Estado deveria intervir, agora não mais para limitar direitos, mas para buscar garantir a proteção daqueles que dela careciam.

Esse retorno do intervencionismo estatal, com outra faceta intervencionista, é chamado de Estado do Bem-Estar Social, que traz consigo a consagração constitucional de outros direitos, a fim de permitir ao cidadão condições mínimas de vida, a exemplo do direito à saúde, à educação, à previdência. As Constituições pioneiras nessa nova linha intervencionista foram a mexicana, de 1917, e a de Weimar, de 1919 (SARMENTO, 2004, p. 33).

Isso marca a mudança do paradigma liberal para o paradigma social. Tal mudança, contudo, não afasta a tábua axiológica dos direitos fundamentais daqueles ideais traçados pela Revolução Francesa. Pelo contrário, a alteração permitiu que se reafirmassem as noções de fraternidade e de igualdade. Em verdade, essa nova linha de pensamento, além de enaltecer a ideia da busca por um convívio fraternal entre os homens, procurou efetivar a igualdade, só que agora não mais no plano formal, e sim no material, o que só seria possível se se dispensasse tratamento desigual a quem dele necessitava.

Alie-se a isso tudo a mudança do panorama da legislação civil europeia, verificada nas chamadas leis extravagantes, que, diferentemente dos códigos, passaram a demonstrar uma maior preocupação com o social e com a tutela dos interesses coletivos. Esse evento marcou o início daquilo que a doutrina consagrou como "a revolta dos fatos contra os códigos", pois, na moldura codificada, neutra e abstrata, já não cabia mais a realidade social. Tal processo intensificou-se após a Segunda Grande Guerra (SARMENTO, 2004, p. 94-95).

Aliás, cabe relembrar, nesse momento, que o absolutismo dos direitos pregado pelo Estado Liberal começou a ruir com os casos de abuso de direito examinados pelos tribunais franceses, como já se teve oportunidade de referir acima. Sim, porque o exercício abusivo das liberdades, em última análise, desviava a finalidade social daquele direito.

Essa vertente de socialização dos direitos civis faz que as relações privadas, que antes se informavam através da leitura do Código Civil, passem a voltar suas atenções para o texto constitucional, porque este passou a regular as relações privadas, deixando de lado a abstração do antigo texto civil, para impor um regramento marcado por conteúdo axiológico (veja-se como exemplo os institutos da família, da propriedade etc.). Ocorre o que se chamou de "repersonalização", que se alcança com a "publicização", ou, melhor, constitucionalização do direito privado. E, através desse fenômeno, as relações civis devem ser dirimidas à luz da Constituição. Mesmo naqueles casos que demandem a observância de regras contidas nos Códigos, esta interpretação da lei codificada deverá ser feita em conformidade com a principiologia constitucional. Neste sentido, Fachin:

> No caso brasileiro, a introdução de uma nova postura metodológica, embora não seja simples parece facilitada pela compreensão, mais e mais difusa, do papel dos princípios constitucionais nas relações de direito privado, sendo certo que doutrina e jurisprudência têm reconhecido o caráter normativo de princípios como o da solidariedade social, da dignidade da pessoa humana, da função social da propriedade, aos quais se tem assegurado eficácia imediata nas relações de Direito Civil. Consolida-se o entendimento de que a reunificação do sistema, em termos interpretativos, só pode ser compreendida com a atribuição do papel proeminente e central à Constituição. (FACHIN, 2003, p. 92)

A tendência contemporânea é o abandono dessas concepções abstratas e genéricas, dos titulares de direito e também dos objetos dessa titularidade, pois a noção clássica de pessoa e de coisa não serve para várias situações reais e concretas (FACHIN, 2003, p. 92-93).

Retornando à alteração paradigmática, é preciso que se diga que esse evento estabeleceu a dissociação do direito do trabalho do direito civil, fazendo que aquele ramo do direito começasse seu processo de autonomia científica. Isso porque o corpo principiológico do direito civil, que pregava a igualdade entre os homens e a liberdade para que estes contratassem como lhes conviessem, não servia para a relação patrão-empregado, pois esta, além de trazer partes nitidamente desiguais, impunha a atuação positiva do Estado, para garantir ao trabalhador condições mínimas de vida. Mais uma vez, as palavras de Daniel Sarmento bem sintetizam essa mudança da postura estatal: "Portanto, aquele que era, na lógica do liberalismo, o inimigo número um dos direitos humanos, passa à condição de agente promotor desses direitos" (SARMENTO, 2004, p. 35-36).

Esse novo período veio para contemplar a plena efetivação dos direitos fundamentais, pois, repita-se, o Estado Liberal atendia à aplicabilidade dos citados direitos na relação cidadão/Estado, não alcançando a relação cidadão/cidadão, o que só foi possível no Estado do Bem-Estar Social, ou Estado Social.

Porém, como se viu, ainda sob o manto desse novo paradigma, era preciso se preservar a liberdade contratual e a autonomia privada, não de modo desenfreado e ilimitado, como se pregou inicialmente. Isso porque, repita-se, tais conquistas foram obtidas com muito esforço e custo, e continuam a formar a tábua de valores de onde emanam os direitos fundamentais.

Sem contar que a incidência do texto constitucional nas relações privadas acarreta numa necessidade de que o Poder Judiciário atue de modo mais direto e incisivo. Isso se deve ao fato de que as normas constitucionais, por natureza, trazem uma imprecisão maior de conceitos e contornos, o que implica uma atividade jurisdicional mais intensa, e que, em regra, atenta contra a perseguida segurança jurídica emanada da lei escrita. A atividade judicial, nesses casos, pode equivaler a verdadeira atividade legislativa, o que atenta contra a harmônica regra da separação entre os poderes.

Isso não pode, contudo, servir de argumento para desprestigiar a aplicação do texto constitucional nas relações privadas, porque é cada vez maior a defesa da incidência das disposições constitucionais no papel de regra, e não de princípio. Sem contar que a situação afeta a separação dos poderes não resiste à importância que se atribui à hermenêutica, pois, sem ela os fatos da vida continuariam a correr em alta velocidade, sem que os morosos e burocráticos processos legislativos pudessem alcançá-los.

De tudo isso conclui-se que é preciso se definir a exata medida de aplicação dos direitos fundamentais nas relações privadas, para que se preservem os direitos fundamentais de todos os particulares envolvidos, sem prejuízo da liberdade duramente conquistada.

Superada a dicotomia cidadão/Estado, eis que surge a problemática da relação cidadão/cidadão. E aqui reside, sem dúvida, o aspecto mais polêmico do presente trabalho, polêmica esta que se acirrará quando da abordagem da questão de fundo, específica, da revista pessoal de empregado e a defesa do direito de propriedade pelo empregador.

Na relação de trabalho, típica relação entre particulares, na defesa de interesses e direitos privados, estarão frente a frente dois titulares de direitos fundamentais. A questão a ser resolvida é como dirimir um conflito entre estes atores quando contrapostos estes direitos.

Aqui, a omissão de um dos atores implicaria violação de um dos direitos fundamentais em análise, o que não pode ser admitido, mesmo estando-se diante de uma relação em que um dos contratantes está em franca posição de inferioridade. A explicação para essa impossibilidade de defesa de um direito fundamental com o aniquilamento de outro está numa das características marcantes dessa espécie de direito, que são a indivisibilidade e a interdependência entre todos os direitos fundamentais.

Através desta característica, ganha força a noção de unicidade do sistema que prevê o rol de direitos fundamentais. Por isso, um direito fundamental só se realiza plenamente quando respeitados os demais. Neste sentido é oportuna a lição de Arion Sayão Romita:

Um direito fundamental só alcança plena realização quando os demais direitos fundamentais são respeitados. A violação de um dos direitos fundamentais importa vulneração de algum ou de alguns dos outros. Não importa para a validade dessa assertiva que se trata de direitos civis ou políticos ou de direitos econômicos, sociais ou culturais: a realização de uns pressupõe a realização simultânea dos demais. (ROMITA, 2005, p. 68)

Esta também é a posição de Flávia Piovesan, citada por Romita: "Todos os direitos humanos constituem um complexo integral, único e indivisível, em que os diferentes direitos estão necessariamente inter-relacionados e são interdependentes entre si" (ROMITA, 2005, p. 68-69).

Ilustrativas as palavras de Fábio Konder Comparato, citadas e complementadas por Daniel Sarmento:

(...) os direitos humanos (...) formam um conjunto uno e indivisível. A liberdade individual é ilusória, sem um mínimo de igualdade social; e a igualdade social imposta com sacrifícios dos direitos civis e políticos acaba engendrando, mui rapidamente, novos privilégios econômicos e sociais. Esta, inclusive, a posição oficial da ONU, que, no art. 5º, da Declaração de Viena, de 1993, aceita unanimemente por 171 Estados, assinalou: Todos os direitos humanos são universais, indivisíveis, interdependentes e inter-relacionados. A comunidade internacional deve tratar os direitos humanos globalmente de maneira justa e equitativa, em pé de igualdade e com a mesma ênfase. (SARMENTO, 2004, p. 36)

Essa indivisibilidade, própria do rol dos direitos fundamentais, em verdade é fruto do deslocamento daquilo que se prega para a Constituição. Sendo a Constituição um instrumento que se presta a atribuir solidez e coesão a um determinado ordenamento jurídico, é razoável que se conceba a sua interpretação de modo indivisível, sistemático. Assim manifestou-se Canotilho, citado por Daniel Sarmento, quando declinou que o princípio da unidade da Constituição impõe ao intérprete que este a considere na sua globalidade, objetivando harmonizar os espaços de tensão deixados pelas suas normas (SARMENTO, 2003, p. 28). Sarmento menciona, ainda, julgado oriundo da Corte Constitucional Alemã que se posicionou neste mesmo sentido[1].

Não seria preciso muito esforço para se entender e se aceitar essa característica dos direitos fundamentais, herança da interpretação pregada para a Constituição. A razão para a necessidade de preservação, dentro do possível, de todos esses direitos, pregando a indivisibilidade e a interdependência entre eles, está na dignidade da pessoa humana, finalidade primeira e última dessas garantias.

---

(1) O julgado alemão assim dispôs: "o princípio mais importante de interpretação é o da unidade da Constituição, como unidade de um conjunto com sentido teleológico-lógico, já que a essência da constituição consiste em ser uma ordem unitária da vida política e social da comunidade estatal" (SARMENTO, 2003, p. 28).

Isso porque, dirimir um conflito entre direitos fundamentais excluindo, por completo, a incidência de um deles, significa atentar contra a dignidade da pessoa que detinha o direito preterido. É importante destacar, ainda, que já se defendeu aqui que a dignidade da pessoa humana tem um conceito aberto, mutável e que adquire as mais variadas formas.

Para enaltecer ainda mais a problemática que envolve a busca da solução do conflito detectado entre direitos fundamentais, vale a pena trazer a lume a conclusão a que chegou Robert Alexy, quando do processo de criação da sua Teoria dos Direitos Fundamentais. O jurista em destaque chegou a uma conclusão que só aumenta a dificuldade de sistematização de critérios para solução de conflitos entre direitos fundamentais:

> [...] no puede esperarse demasiado de una teoría material de los derechos humanos. La forma más ambiciosa de una teoría material de los derechos humanos sería una teoría que contuviese para cada caso una solución correcta. (ALEXY, 2002, p. 551)

A seguir, ressaltando o fracasso dessa tentativa, defendida, principalmente, por Ronald Dworkin, o autor arremata seu ponto de vista:

> Como se acaba de exponer, las prioridades, *prima facie* conducen solo a una estructuración de la argumentación apoyada un los princípios, pero na a un orden duro que establezca para cada caso concluyentemente un único resultado. Queda sólo la possibilidad de un orden a través de relaciones concretas de prioridad, que expresen el peso relativo de los princípios en determinados casos o grupo de casos. (ALEXY, 2002, p. 551-552)

A exposição do problema acima acabou trazendo junto sua possível solução. Por isso mesmo, quando se apresentar um conflito entre direitos fundamentais, fato possível de acontecer nas relações entre particulares, há de ser encontrada a medida razoável para solução desse choque. Medida essa que pode ter uma determinada feição em dado caso concreto e, em outra situação fática, em que envolvidos os mesmos princípios, pode atingir outra coloração. A solução, repita-se, será sempre casuística.

Surge, assim, a necessidade de se fazer incidir o princípio da proporcionalidade, a fim de que se alcance o meio adequado, ou seja, aquele que promova minimamente o fim, o meio necessário, ou seja, aquele que se mostra único, sem outras alternativas para que se atinja o fim buscado, e o meio proporcional, ou seja, o fim almejado, há de ter intensidade proporcionalmente superior ao direito fundamental que se restringiu (ÁVILA, 2004, p. 131).

A defesa da linha de aplicação do princípio da proporcionalidade remete o exame da questão para o critério que a doutrina denominou ponderação de interesses, e que, no Brasil, foi abordado de modo singular por Daniel Sarmento (2003). É disso que se cuidará no capítulo seguinte.

2.3.1. Técnica da ponderação de interesses — Dialeticidade e unicidade do sistema constitucional

Não é raro ocorrer choque entre direitos fundamentais. Isso se deve não só ao fato de que a materialização da dignidade ocorre de modo distinto para as pessoas, como também porque esses direitos estão positivados em textos constitucionais. Sendo a Constituição instrumento jurídico, mas também político, esta abarca as mais variadas tendências, além de ser naturalmente dialética. Neste sentido, Luis Roberto Barroso:

> A interpretação constitucional viu-se na contingência de desenvolver técnicas capazes de lidar com o fato de que a Constituição é um documento dialético — que tutela valores e interesses potencialmente conflitantes — e que princípios nela consagrados entram, frequentemente, em rota de colisão. (BARROSO, 2005, p. 334)

O autor referido explica, com clareza, o motivo que leva a que ocorram colisões entre essas disposições constitucionais, atribuindo isso a duas razões:

> (i) a complexidade e pluralismo das sociedades modernas levam ao abrigo da Constituição valores e interesses diversos, que eventualmente entram em choque; e (ii) sendo os direitos fundamentais expressos, frequentemente, sob a forma de princípios, sujeitam-se, como já exposto (v. *supra*), à concorrência com outros princípios e à aplicabilidade no limite do possível, à vista de circunstâncias fáticas e jurídicas. (BARROSO, 2005, p. 329)

Essa dialeticidade, porém, não pode fazer que se perca de vista a unicidade do sistema constitucional, conforme já destacado no item anterior. Esse sistema, por sua vez, não é isolado e imutável. A este respeito traz-se a lume importante lição exposta por Daniel Sarmento:

> Este sistema constitucional não é cerrado e autossuficiente, mas, ao contrário, aberto ao mundo da vida, dinâmico, sujeito a evoluções que o permitam acompanhar as mudanças nos projetos e valores vigentes na sociedade.

Por isso, quando se afirma que a Constituição configura um sistema, tem-se em mente não a ideia de um sistema lógico-formal, próprio das ciências exatas, mas sim a de sistema axiológico-teleológico, no qual a unidade repousa sobre valores fundamentais, explícitos ou pressupostos pela Constituição, que cimentam as partes em que esta se decompõem, conferindo-lhe a necessária organicidade. (SARMENTO, 2003, p. 132)

E o autor arremata sua posição definindo que "[...] na nossa ordem constitucional, estes valores fundamentais encontram-se sintetizados no princípio da dignidade da pessoa humana, já que a tutela do ser humano, em suas múltiplas projeções, consubstancia o fim último da ordem jurídica" (SARMENTO, 2003, p. 132).

Já se viu a ligação umbilical entre a dignidade da pessoa humana e o rol de direitos fundamentais; aquela é fundamento destes. Por isso, o conceito aberto de dignidade da pessoa humana reflete-se diretamente na noção de direitos fundamentais, já que, do mesmo modo, pode-se dizer que também os direitos fundamentais consistiriam em cláusulas abertas, que precisam contemplar as mais variadas situações. Isso implica a heterogeneidade dos direitos fundamentais, que foi detectada por Guilherme Amorim Campos da Silva, citando Andrés de la Oliva Santos e Ignácio Diéz-Picazo Gimenez:

> La configuracion de la tutela jurisdiccional preferente y sumaria de los derechos fundamentales debe tener en cuenta un elemento capital: la heterogeneidad de los mismos. Los derechos fundamentales tienen en común su rango constitucional y, por tanto, que el legislador no puede desconocerlos. Tienem también em común el que su constitucionalización responde a la idea de que se trata de derechos que se consideran exigencias de la dignidad humana y cuyo respeto legitima el ejercicio del poder político. Sin enbargo, más allá de ello, tomados en consideración en conjunto, los derechos y libertades enunciados en el artículo 53.2 CE son muy heterogéneos. Los derechos fundamentales son heterogéneos non solo en cuanto al dato obvio de su contenido, puesto que cada derecho protege un bien distinto. (CAMPOS DA SILVA, 2005, p. 317)

Viu-se, no capítulo anterior, que o que vai definir a efetiva aplicabilidade de um determinado direito fundamental é a hipótese fática que a incidência destes direitos terá de dirimir. Neste sentido mostram-se ilustrativas as palavras de J.J. Gomes Canotilho, citado por Arion Romita: "Como os direitos fundamentais exercem múltiplas funções, devem ser sempre levados em consideração as circunstâncias específicas de cada caso concreto" (CANOTILHO, *apud* ROMITA, 2005, p, 179).

Essa é a tarefa do aplicador do direito quando está diante do conflito entre direitos dessa categoria na relação entre particulares. Como se teve oportunidade de ver, não existe um critério abstrato que estabeleça um rol com a indicação de direitos fundamentais que prefiram a outros, posição essa que também é defendida por João Caupers: "Logo na primeira parte deste estudo, rejeitámos uma posição doutrinária que defendia uma hierarquização dos direitos fundamentais que colocava os direitos sociais no 'patamar inferior'" (CAUPERS, 1985, p. 169-170).

Firme nesse propósito, o autor português conclui seu raciocínio, valendo-se de ideias expostas por Jorge Miranda:

> a) O problema só se pode resolver caso a caso, atendendo aos valores concretamente em jogo;

b) Dever-se-á procurar uma solução que não sacrifique totalmente nem a autonomia privada, nem o princípio ou direito fundamental com ela em conflito, preservando, sempre que possível, o essencial de cada um;

c) Em certos tipos de relações interprivadas poderão existir factores de prevalência. (CAUPERS, 1985, p. 171)

Tudo isso deve ser observado, sem perder de vista, ainda, um mínimo de garantia da independência dos entes privados na realização dos seus negócios jurídicos, já que tal interferência dos direitos fundamentais nas relações privadas não pode ser de tal modo incisiva a ponto de violar um desses direitos, que é a liberdade. Para esse ponto de equilíbrio é que se tem consagrado a figura da ponderação de interesses.

Ponderação de interesses, no dizer de Luis Roberto Barroso, é "[...] uma técnica de decisão jurídica aplicável a casos difíceis, em relação aos quais a subsunção se mostrou insuficiente, sobretudo quando uma situação concreta dá ensejo à aplicação de normas de mesma hierarquia que indicam solução diferenciada" (BARROSO, 2005, p. 334).

O surgimento dessa técnica se fez necessário por conta da dificuldade que se apresenta para a solução de um conflito entre princípios. E para melhor esclarecer essa dificuldade é preciso se referir, ainda que brevemente, à distinção que a doutrina costuma atribuir a princípios e regras, no que se refere ao critério de aplicabilidade da norma ao fato.

Dentre as propostas apresentadas pela doutrina para distinguir princípios e regras, a que se mostra relevante para o tópico em análise é o modo de aplicação, que definirá como se soluciona um conflito entre regras e um conflito entre princípios. Alguns, como Dworkin, chegam a dizer que esse é o principal critério de distinção entre eles[2].

---

(2) O pensamento deste jurista é exposto e complementado por Daniel Sarmento (2003) e a citação abaixo já denota a distinção que se mostra relevante para a compreensão da técnica de ponderação: "De modo semelhante, leciona Ronald Dworkin que a principal distinção entre princípios e regras é de caráter lógico e diz respeito aos mecanismos de aplicação. As regras, segundo citado Professor, incidem sob a forma do 'tudo ou nada' (*all or nothing*), o que se sucede com os princípios. Em outras palavras, presentes os seus pressupostos fáticos, ou a regra é aplicada ao caso a ela subsumido ou é considerada inválida para o mesmo. Na dicção de Dworkin, *se os fatos que a regra estipula estão presentes, então ou a regra é válida, e nesse caso o comando que ela estabelece tem de ser aplicado, ou ela é inválida, e nesse caso ela não contribui em nada para a decisão do caso*.
Já os princípios jurídicos atuam de maneira diversa, pois, presentes as condições de fato enunciadas como necessárias à sua incidência, daí não decorre necessariamente a sua aplicação ao caso concreto.
Isto ocorre porque, ao contrário das regras, os princípios são dotados de uma dimensão de peso. Tal característica revela-se quando dois princípios diferentes incidem sobre determinado caso concreto, entrando em colisão. Nesta hipótese, o conflito é solucionado levando em consideração o peso relativo assumido por cada princípio dentro das circunstâncias concretas presentes no caso, a fim de que se possa precisar em que medida cada um cederá espaço ao outro". (SARMENTO, 2003, 44/45, destaque do original).

Alexy concorda com o aspecto de atribuição de peso aos princípios em conflito, como se colhe dessa relevante passagem de sua obra:

> Cuando dos principios entran en colisión — tal como es el caso cuando según un principio algo está prohibido y, según otro principio, está permitido — uno de los dos principios tiene que ceder ante el otro. Pero, esto no significa declarar inválido al principio desplazado ni que en el principio desplazado haya que introducir una cláusula de excepción. Más bien lo que sucede es que, bajo certas circunstancias uno de los principios precede al otro. Bajo otras circunstancias, la cuestión de la precedencia puede ser solucionada de manera inversa. Esto es lo que se quiere decir cuando se afirma que en los casos concretos los principios tienen diferente peso y que prima lo principio con mayor peso. Los conflitos de reglas se llevan a cabo en la dimensión de la validez; la colisión de principios — como sólo pueden entrar en colisión principios válidos — tiene lugar más allá de la dimensión de la validez, en la dimensión del peso. (ALEXY, 2002, p. 89)

Exatamente porque o choque entre princípios deve ser dirimido no plano da atribuição de peso, e não da validade, não se tem como, surgido o conflito, simplesmente declarar a invalidade do princípio. Será preciso aferir, frise-se mais uma vez, sempre no caso concreto, a qual princípio se deve atribuir maior peso, fazendo que este prevaleça sobre o outro naquela hipótese fática que se apresenta. Não se pode perder de vista, ainda, que, num outro caso, esses mesmos princípios podem se apresentar em conflito e, nesta outra situação, o princípio preterido pode vir a prevalecer.

O certo é que, surgida colisão entre princípios, e já se sabendo que ambos são válidos, ainda que colidentes, passa-se ao processo de atribuição de peso, que é a ponderação aqui proposta. E este processo está preso a uma necessidade prévia: é preciso, a todo custo, buscar a harmonização entre os princípios em choque, principalmente se se tratarem de princípios constitucionais, pois, já se viu que se deve buscar, ao máximo, a preservação da unicidade do sistema constitucional. Não sendo possível, resta identificada a colisão.

Estabelecido o conflito entre princípios constitucionais e, mais uma vez, em busca da manutenção da unicidade do sistema constitucional, o operador do direito deverá perseguir um ponto de equilíbrio em que se ache a hipótese para que a restrição feita ao princípio preterido seja a mínima possível. Além disso, neste ponto encontrado, há de se verificar, ainda, se o princípio que prevaleceu atinge o fim buscado, sem que se apresente outra alternativa que melhor resolva o conflito. Por fim, há de se observar se a solução adotada tem um valor maior do que o sacrifício imposto ao princípio constitucional preterido.

Com isso conclui-se que a técnica da ponderação de interesses encerra, em última análise, a efetivação do princípio da proporcionalidade. Através dela se procura dirimir o conflito surgido entre princípios colidentes e que pertencem ao mesmo sistema constitucional. Com isso, pretende-se manter a unicidade do sistema, sem se esquecer da sua dialeticidade. Em outras palavras, significa buscar a solução do problema posto restringindo-se o mínimo possível os direitos em choque. Isso, contudo, não é sempre possível, já que, por vezes, a ponderação não permite que se preserve o mínimo possível de um dos princípios em choque.

Não foi por outra razão que Edurne Terradillos Ormaetxea defendeu um duplo papel do princípio da proporcionalidade, ou seja, além de garantir o exercício dos direitos fundamentais, impõe a estes limitações (ORMAETXEA, 2004, p. 44)[3]. E essa posição visa preservar, exatamente, a heterogeneidade do rol de direitos fundamentais contidos nos textos constitucionais.

Como já sustentado, o sistema constitucional é marcado pelo pluralismo axiológico. Essa tábua de valores, porém, é marcada por um núcleo duro, qual seja, o da dignidade da pessoa humana. É ela que irá nortear a técnica da ponderação de interesses diante do choque entre princípios constitucionais. Significa dizer que o princípio da proporcionalidade, que Ávila diz ser um postulado, porque estrutura e orienta a aplicação dos princípios (ÁVILA, 2004, p. 130), irá se guiar pelo viés da dignidade da pessoa humana, que irá definir se o meio escolhido é adequado, necessário e proporcional ao meio preterido. Neste sentido, afirma Daniel Sarmento:

> Nesta ponderação, porém, a liberdade do operador do direito tem como norte e como limite a constelação de valores subjacentes à ordem constitucional, dentre os quais cintila com maior destaque o da dignidade da pessoa humana. (SARMENTO, 2003, p. 75)

E foi exatamente por essa razão que se defendeu que a dignidade da pessoa humana é um conceito elástico e perene o bastante para contemplar as mais variadas situações. Inúmeros são os casos concretos que reclamarão a incidência da dignidade da pessoa humana. Isso, na mesma medida em que contempla as mais variadas situações, dificulta a técnica de ponderação, porque não lhe propicia um critério objetivo para seguir. Com isso reforça-se ainda mais a noção de que só com os casos concretos apresentados é que se poderá aplicar a técnica de ponderação.

A doutrina costuma atribuir à técnica em estudo o implemento de três distintas etapas. Na primeira delas, o operador do direito deve identificar se de fato há o conflito e se este não pode ser resolvido pela simples subsunção do fato à norma. Nesta, os fundamentos normativos que se opõem são organizados em grupos, formando os conjuntos de argumentos. Na segunda etapa, examina-se as circunstâncias fáticas e concretas do caso posto e sua interação com os

---

[3] Para o autor espanhol, o princípio da proporcionalidade em seu viés limitador dos direitos fundamentais atua em dois planos: o primeiro como limite à limitação que se quer impor ao direito fundamental, e o segundo como critério para que esses direitos sejam exercidos de modo ponderado (ORMAETXEA, 2004, p. 45).

elementos normativos. Esta permitirá uma melhor visualização do papel de cada uma das normas em conflito e em que medida estas influenciam na solução. Na terceira etapa, verdadeiramente decisória (até então nada se decidiu), apurar-se-ão os grupos de normas e a repercussão dos fatos do caso concreto, conjuntamente, a fim de se atribuir peso a cada um dos elementos em colisão, definindo-se o grupo de normas a preponderar. Nesta, deve-se definir, ainda, em que medida esse grupo de normas deve prevalecer em detrimento das outras. Todo esse processo tem como fio condutor o princípio da proporcionalidade (BARROSO, 2005, p. 335-336).

Tudo isso deve ter em conta, ainda, a baliza da dignidade da pessoa humana, que irá influenciar o operador do direito quando do ato de sopesar os conjuntos de normas.

Como já se teve oportunidade de expor, o foco desta obra é tratar da colisão entre direitos fundamentais de empregados entre si e de empregado e empregador. A abordagem será recortada para a hipótese casuística mais tormentosa neste particular, que é a questão da revista pessoal de empregado no ambiente de trabalho, colocando frente a frente (e em choque) os direitos de intimidade e vida privada do empregado com o de propriedade do empregador. Além disso, o exercício desse mesmo direito à intimidade e vida privada colidirá com o dos demais empregados de ter seus empregos preservados, o que só será possível se se permitir a defesa e consequente manutenção do patrimônio da empresa.

Vale dizer: todos os titulares de direitos fundamentais envolvidos nos conflitos propostos acima estarão, quando da defesa dos mesmos, procurando preservar, em última análise, aquilo que fundamenta os seus direitos, ou seja, a busca da sua dignidade enquanto pessoa humana. Com isso, é importante que se faça a reflexão proposta no item seguinte deste trabalho, que é estabelecer se a dignidade da pessoa humana pode ser alvo de ponderação de interesses.

2.3.2. Ponderação da dignidade da pessoa humana

Postas as condições que parecem mais adequadas para se dirimir o conflito entre os princípios, uma situação se mostrou instigante, requerendo manifestação. Pode se resumir essa situação num questionamento: sendo a dignidade da pessoa humana a baliza da interpretação constitucional e da ponderação de interesses, pode este princípio sofrer os efeitos da ponderação? A dignidade da pessoa humana pode deixar de incidir em um caso concreto, quando colidir com outro princípio?

A ideia inicial que se tem deste princípio é a de que o mesmo encerraria o único princípio que se poderia dizer absoluto, motivo pelo qual não se cogita da possibilidade de ele ceder em detrimento de outro quando em conflito com este.

A justificativa para este pensamento primeiro é a de que custou tão caro à humanidade sua consagração como princípio, presente, hoje, nas Constituições da quase totalidade dos Estados Democráticos, que não se imagina que algo possa superá-la. Não se aceita a ideia de que a dignidade da pessoa humana possa ceder diante de outro princípio.

A noção acima relatada, por mais sedutora que se mostre, não pode ser defendida. Isso se conclui, inicialmente, porque não se aceita a ideia de um princípio absoluto, infenso à ponderação. No dizer de Alexy:

> Si existen principios absolutos, hay que modificar la definición del concepto de principio, pues el hecho de que exista un principio que, en caso de colision, tiene que preceder a todo los otros principios, es decir, tambien, a aquél que dice que las reglas estatuidas tienen que ser obedecidas, significa que su realización no conoce límites jurídicos. (ALEXY, 2002, p. 106)

Com esta posição comunga Mauricio Godinho Delgado, referindo-se ao jurista alemão acima citado, ao dizer que "nem mesmo princípio central das ordens jurídicas contemporâneas — o da dignidade humana — seria absoluto, como bem exposto por Alexy" (DELGADO, 2004, p. 12).

Ora, a defesa de que existem regras ou princípios absolutos, por mais simpáticos que esses possam parecer, não se harmoniza com a concepção de Estado Democrático de Direito. Mais do que isso, dizer que um determinado direito fundamental é absoluto implica, em última *ratio*, deixar de reconhecer que outros direitos também se afigurem como fundamentais.

O argumento de absolutismo da dignidade da pessoa humana encontrou, ainda, um forte aliado. O fato de que o tratamento dispensado a essa prerrogativa, ora a apresenta como princípio, ora como regra. Assim, defendem alguns que, quando essa dignidade se mostrar como regra, a sua rejeição em detrimento de outra regra ou princípio implica violação dessa dignidade, o que não poderia ser tolerado. Isso ganha relevo em face da enorme quantidade de garantias que essa dignidade enfeixa (ALEXY, 2002, p. 106-107).

Para rebater esse consistente argumento, Alexy socorre-se de posições tomadas pelo Tribunal Constitucional Federal Alemão que, diante de situações de colisão entre a dignidade da pessoa humana e outros princípios, optou por esses últimos. E relatou situação que derrota a argumentação acima referida:

> Que el principio de la dignidad de la persona, a los fines de la constatacion del contenido de la regla de la dignidad de la persona, es ponderado frente a otros referencia se muestra de manera especialmente clara con el fallo sobre la prisión perpetua con donde se dice que la "dignidad de la persona [...] tampoco es lesionada cuando la ejecución de la pena es

referencia debido a la permanente peligrosidad del detenido y, por esta razón, no está permitido el indulto". Con esta formulación se constata que la protección de la "comunidad estatal", bajo las condiciones indicadas, precede al principio de la dignidad de la persona. Si se dan otras condiciones, la referencia puede ser fijada de otra manera. (ALEXY, 2002, p. 108)

Outro exemplo, agora trazido por Mauricio Godinho Delgado, mostra nova possibilidade de a dignidade da pessoa humana ser preterida num processo de colisão em face de outro princípio. Este exemplo se mostra ilustrativo, ainda, porque apresenta questão voltada para o Direito do Trabalho:

> Ilustrativamente, tome-se o contraponto entre dois princípios gerais de nosso ordenamento político e jurídico: o da dignidade humana e o da democracia. Embora ambos sejam muito relevantes hoje, não parece haver dúvida de que o primeiro prepondera como proposição geral informadora do Direito e de suas determinações. Portanto o primeiro teria prevalência em face de seu maior peso na época histórica vivida (e é o que de fato acontece — a maioria das vezes, é claro).
>
> Entretanto, no tocante à prestação de serviços por servidor irregularmente contratado pelo Estado (situação fático-jurídica em que os dois princípios atuam), a jurisprudência tem atribuído peso maior ao princípio da democracia em confronto com o princípio da dignidade humana. Em consequência, tem restringido, gravemente, os efeitos jurídicos dos contratos de emprego assim consumados, mesmo que a energia laborativa tenha sido entregue ao tomador por longos anos (ver a propósito, o En. 363 do TST). Mesmo que essa orientação jurisprudencial seja criticável, ela comprova o funcionamento do critério aqui especificado. (DELGADO, 2004, p. 12)

Mais do que isso. Admitir a dignidade da pessoa humana como um princípio absoluto, não passível de ponderação, implicaria risco referido por Kloepfer, citado por Alexy:

> [...] una dignidad de la persona que se imponga en todas las circunstancias frente a todos los demas principios constitucionales" reduziria "em última instancia a la garantia de la dignidad de la persona [...] a la defensa contra envilecimientos apocalípticos. (ALEXY, 2002, p. 108)

Com isso, confirma-se ainda mais a noção já defendida de que a dignidade da pessoa humana é um conceito aberto, que comporta as mais variadas feições. Por isso, defender a aplicação dessa máxima de modo irrestrito implica permitir que essa mesma dignidade da pessoa humana, com outra roupagem, seja preterida em face da dignidade de outra pessoa humana. Se esse princípio encerra a materialização do Estado Democrático de Direito, não se tem como dizer que a dignidade de um seja superior à do outro:

> A dignidade não é reconhecida apenas às pessoas de determinada classe, nacionalidade ou etnia, mas a todo e qualquer indivíduo, pelo simples fato de pertencer à espécie humana. Dela não se despe nenhuma pessoa, por mais graves que tenham sido os atos que praticou. A ideia é a de que cada ser humano, por mais humilde e obscura que seja a sua existência, pulsa toda a Humanidade. (SARMENTO, 2003, p. 60)

A dignidade da pessoa humana não pode ser taxada como um princípio de defesa irrestrita e absoluta. Este argumento será utilizado ao longo deste trabalho para tratar das situações de conflito entre os direitos à intimidade e vida privada do empregado e o direito à propriedade do empregador, juntamente com o direito ao trabalho afeto a todos os demais empregados do ente empresarial.

2.4. Abuso de direitos fundamentais

Antes de ingressar no tema propriamente dito deste capítulo é preciso relembrar uma noção que já se defendeu em linhas anteriores: a dignidade da pessoa humana é a razão de ser dos direitos fundamentais.

Se foi verificado que a dignidade da pessoa humana pode ceder diante de outros princípios que com ela colidam, maior razão ainda para se admitir que um direito fundamental não pode ser exercido de modo ilimitado. Essa hipótese fica ainda mais clara quando este direito fundamental se choca com outro de mesma natureza. Nesse momento, mostra-se relevante a lição de Edmilson Pereira de Frias, citado por Luis Roberto Barroso:

> Sucede que não há hierarquia entre os direitos fundamentais. Estes, quando se encontram em oposição entre si, não se resolve a colisão suprimindo um em favor do outro. Ambos os direitos protegem a dignidade da pessoa humana e merecem ser preservados o máximo possível na solução da colisão. (BARROSO, 2005, p. 330)

Afinando a ideia ora apresentada com a figura do abuso de direito, pode-se afirmar, então, que a defesa irrestrita dos direitos fundamentais, se operada em desacordo com os limites impostos pela boa-fé, bons costumes e finalidades sociais e econômicas, implica exercício inadmissível desses direitos.

Se essa afirmativa se mostra justificável nas relações Estado/cidadão, maior razão para defendê-la nas relações cidadão/cidadão, pelos motivos já expostos. A respeito dos excessos na defesa dos direitos, socorre-se dos ensinamentos de Humberto Ávila: "[...] a proibição de excesso proíbe que a aplicação de uma regra ou de um princípio restrinja de tal forma um direito fundamental que termine lhe retirando seu mínimo de eficácia" (ÁVILA, 2004, p. 130).

Vale dizer: a defesa irrestrita de um direito fundamental, quando implicar restrição total do direito fundamental do outro particular, afigura-se como contrária aos fins sociais que envolvem os direitos fundamentais. Isso porque essa defesa irrestrita e abusiva faz que esses direitos se submetam àquela ocorrência definida por Fernando Augusto Cunha de Sá:

> O comportamento preenche na sua materialidade, *in actu*, a forma do direito subjectivo que se pretende exercer, mas, do mesmo passo, rebela-se contra o sentido normativo interno de tal direito, isto é, contra o valor que lhe serve de fundamento jurídico. (SÁ, 1997, p. 466)

O exercício ilimitado de um direito fundamental é aquilo que defendeu Venosa, ou seja, "[...] o fato de se usar de um poder, de uma faculdade, de um direito ou mesmo de uma coisa, além do que razoavelmente o Direito e a sociedade permitem" (VENOSA, 2003, p. 603). É extrapolar os limites do razoável, ou provocar uma quebra da harmonia social, que custou caro para ser atingida.

Os direitos fundamentais encerram um sistema uno, indivisível e interdependente. Nesse sentido, é oportuno relembrar a já citada e transcrita lição de Arion Sayão Romita:

> Um direito fundamental só alcança plena realização quando os demais direitos fundamentais são respeitados. A violação de um dos direitos fundamentais importa vulneração de algum ou de alguns dos outros. Não importa para a validade dessa assertiva que se trata de direitos civis ou políticos ou de direitos econômicos, sociais ou culturais: a realização de uns pressupõe a realização simultânea dos demais. (ROMITA, 2005, p. 68)

Vale dizer: o respeito aos direitos fundamentais proporciona uma harmonia ao sistema de garantias. O exercício abusivo de um deles quebra essa harmonia. Todos os direitos fundamentais adquiriram, no Brasil, o *status* de cláusulas pétreas (art. 60, § 4º, IV, da CF/1988).

Essa harmonia foi bem colocada por Eduardo Milléo Baracat:

> Os princípios constitucionais informam o sistema jurídico brasileiro em sua totalidade, ou seja, refletem valores que devem nortear todas as relações socioeconômicas existentes no âmbito da da sociedade brasileira. Nesses valores está presente a ideia de harmonia; harmonia nas relações sociais: familiares, comerciais, trabalhistas e econômicas.
>
> Harmonia significa equilíbrio nas relações sociais, de modo que os membros da sociedade possam viver e conviver dignamente, da mesma forma que os atores econômicos possam desenvolver-se, colaborando para o pleno desenvolvimento das relações humanas e socioeconômicas. (BARACAT, 2003, p. 76)

Por isso mesmo, pode-se atribuir uma função social dos direitos fundamentais, que é, exatamente, estabelecer um sistema harmônico em que todos os direitos sejam preservados, garantindo a todos os cidadãos a preservação da sua dignidade, dignidade esta que se materializa por variados modos. E o exercício do direito que se realize em desacordo com a busca do equilíbrio social a que a norma se propõe faz que esse ato do titular saia da linha demarcatória da licitude.

Este também é o posicionamento de Canotilho, citado por Mônica Neves Aguiar da Silva Castro:

> Aos direitos fundamentais não se pode assinalar apenas uma função, qual seja a de proteção da esfera livre e individual do cidadão, para atribuir-se àqueles direitos uma multifuncionalidade e acentuar todas e cada uma das funções que as diversas teorias captavam unilateralmente. (CASTRO, 2002, p. 89)

Exatamente por isso é que a colisão entre direitos fundamentais se resolve pela técnica da ponderação de interesses, porque se buscará, ao máximo, a preservação de ambos os direitos, fazendo que um prevaleça sobre o outro apenas no caso concreto. É claro que, em determinadas situações, como já exposto, um direito poderá ceder integralmente, sendo de todo sacrificado. Chegou o momento de se definir quando isso irá ocorrer. Para tanto, faz-se uso das firmes palavras de Mônica Aguiar:

> Por outro lado, é mister ratificar que, em determinados casos, haverá de ser sacrificado um direito por inteiro, desde que de mesmo grau, devendo outro prevalecer por proteger maior número de pessoas ou porque as manutenção é socialmente mais adequada. (CASTRO, 2002, p. 120)

A isso se pode chamar de função social. Não se está propondo a defesa de interesses coletivos em detrimento de interesses individuais, como defendido por alguns Estados absolutistas. Apenas se está a definir a função social dos direitos, que contempla o exercício deste pelo seu titular sem se perder vista que o mesmo integra um conjunto, uma sociedade. Ou seja, pensa-se o sujeito como ser individual e, também, coletivo. Neste sentido, ilustrativa a lição de Edilton Meirelles:

> Pelo critério da função social se tem que o ato é abusivo quando este se desvirtua do instituto jurídico que foi criado, o qual integra. Isso porque, todo e qualquer instituto jurídico tem uma destinação social. Todo instituto jurídico é criado, não só "para o movimento das riquezas do mercado" ou para fins meramente egoísticos, mas, principalmente, para servir à coletividade. Através da noção de função social impõe-se conceber que o ato ou a relação jurídica não interessa apenas às pessoas diretamente envolvidas, mas a todos que o cercam (o ato ou a relação jurídica) e que são por eles afetados. Interessa à coletividade. (MEIRELLES, 2005, p. 77)

Não foi por outra razão que Rodolfo Pamplona e Pablo Stolze Gagliano se referiram à teoria do abuso de direito dizendo o seguinte:

Aliás, no apreciar a aplicação da teoria, deve o julgador recorrer à regra de ouro do art. 5º da Lei de Introdução ao Código Civil:

> Art. 5º Na aplicação da lei, o juiz atenderá aos fins sociais a que ela se dirige e às exigências do bem comum". (GAGLIANO; PAMPLONA, 2002, p. 467)

Para as hipóteses de direitos fundamentais, a função social destes é clara: eles encerram um sistema uno, integrado, com os mais variados valores. Exercê-los ilimitadamente, sacrificando-se por completo os direitos fundamentais alheios, é exercê-los de modo abusivo, pois quebra a unicidade do sistema, corrompendo a função social desses direitos[4].

Não se admite nem mesmo a defesa irrestrita de um direito fundamental pautada na dignidade da pessoa humana. Se a dignidade da pessoa humana pode sofrer os efeitos da ponderação, o mesmo se diga da possibilidade de seu exercício abusivo. Isso porque, também a dignidade da pessoa humana tem a sua função social.

A ideia de que a dignidade da pessoa humana tem uma função social decorre, necessariamente, de uma conclusão a que se chega facilmente: todo direito reveste-se de uma função social. Neste sentido manifesta-se Eduardo Miléo Baracat, citando Fernando Noronha, quando afirma que "[...] todos os direitos possuem uma função social, de modo que somente podem ser legitimamente utilizados quando de acordo com esta função" (BARACAT, 2003, p. 187).

É fato que a dignidade da pessoa humana constitui-se numa daquelas expressões que não foram criadas pelo direito. Já se teve oportunidade de afirmar isso em linhas anteriores. Contudo, na medida em que esta é guindada à condição de instituto jurídico, positivada constitucionalmente como um dos pilares do Estado Democrático de Direito, torna-se direito. Como tal, reveste-se, pois, de função social, o que impõe uma utilização legítima da mesma.

A função social da dignidade da pessoa humana pode ser verificada no fato de esta ser o vértice axiológico da Constituição Federal. Nessa qualidade, o referido princípio "[...] condensa a ideia unificadora que percorre toda a ordem jurídica, condicionando e inspirando a exegese e aplicação do direito positivo, em suas mais variadas manifestações" (SARMENTO, 2003, p. 73). É ela a diretriz de todo o processo hermenêutico-constitucional.

Não só isso. No dizer de Daniel Sarmento, que atribui funções ao princípio da dignidade da pessoa humana, este "[...] constitui também critério para a integração da ordem constitucional, prestando-se para reconhecimento de direitos fundamentais atípicos" (SARMENTO, 2003, p. 73). Não se pode perder de vista a citação de Alexy, já transcrita acima e agora repetida:

---

[4] Neste sentido, Edurne Ormaetxea, 2004, p. 51.

> "una dignidad de la persona que se imponga en todas las circunstancias frente a todos los demás principios constitucionales" reduziria "em última instancia a la garantia de la dignidad de la persona [...] a la defensa contra envilecimientos apocalípticos". (ALEXY, 2002, p.108)

José Afonso da Silva também se refere a uma função da dignidade da pessoa humana, que se assemelha à defesa da função social proposta neste trabalho:

> Repetiremos aqui o que já escrevemos de outra feita, ou seja, que a dignidade da pessoa humana é um valor supremo que atrai o conteúdo de todos os direitos fundamentais do homem, desde o direito à vida. "Concebido como referência constitucional unificadora de todos os direitos fundamentais" [observam Gomes Canotilho e Vital Moreira], o conceito de dignidade da pessoa humana obriga a uma densificação valorativa que tenha em conta o seu amplo sentido normativo-constitucional e não uma qualquer ideia apriorística do homem, não podendo reduzir-se o sentido da dignidade humana à defesa dos direitos pessoais tradicionais, esquecendo-a nos casos de direitos sociais, ou invocá-la para construir 'teoria do núcleo da personalidade' individual, ignorando-a quando se trata de direitos econômicos, sociais e culturais. Daí decorre que a ordem econômica há de ter por fim assegurar a todos existência digna (art. 170), a ordem social visará a realização da justiça social (art. 193), à educação, ao desenvolvimento da pessoa e seu preparo para o exercício da cidadania (art. 205), etc., não como enunciados formais, mas como indicadores do conteúdo normativo eficaz da dignidade da pessoa humana. (SILVA, 2005, p. 38)

Neste mesmo sentido, Mauricio Godinho Delgado:

> Tudo isso significa que a ideia de dignidade não se reduz, hoje, a uma dimensão estritamente particular, atada a valores imanentes à personalidade e que não se projetam socialmente. Ao contrário, o que se concebe inerente à dignidade da pessoa humana é também, ao lado dessa dimensão estritamente privada de valores, a afirmação social do ser humano. A dignidade da pessoa fica, pois, lesada, caso ela se encontre em uma situação de completa privação de instrumentos de mínima afirmação social. Enquanto ser necessariamente integrante de uma comunidade, o indivíduo tem assegurado por esse princípio não apenas a intangibilidade de valores individuais básicos, como também um mínimo de possibilidade de afirmação no plano social circundante. (DELGADO, 2004, p. 16-17)

Ou seja, também a dignidade da pessoa humana possui essa destinação social, essa relevante função de servir a uma coletividade, ou seja, a todos os titulares de direitos fundamentais, que, em última análise, são todos os integrantes de uma sociedade que se paute no Estado Democrático de Direito. Por isso, o exercício inadmissível, exagerado, desvirtuado da sua função social, leva à possibilidade de se declarar o abuso do direito à dignidade da pessoa humana, principalmente porque o exercício abusivo desta se volta contra a dignidade da outra pessoa envolvida.

Se os direitos fundamentais também são passíveis de exercício abusivo pelos seus titulares, não pode ser outra a conclusão de que no processo de ponderação pode-se constatar que um ou ambos os titulares dos direitos em choque deles abusaram. A essa conclusão também chegou Edilton Meirelles:

> Há possibilidade, no entanto, do aparecimento do abuso do direito no exercício do direito em colisão. Isso ocorrerá sempre que o seu titular faz uso do direito violando a boa-fé, os bons costumes ou, ainda, por desrespeitar a função econômica ou social do seu direito. (MEIRELLES, 2005, p. 31)

Por isso, concebe-se o abuso de direitos fundamentais, bem como da dignidade da pessoa humana. Adiante se falará mais a respeito dessa importante constatação, quando forem abordados, de per si, os direitos à intimidade, vida privada e propriedade.

2.5. Dos direitos fundamentais nas relações de emprego — Subordinação jurídica e poder diretivo do empregador

Sendo os direitos fundamentais afetos a todos os membros de uma sociedade que se guia pelo vetor do Estado Democrático de Direito, não se pode excluir dessa titularidade os empregados e empregadores. Ninguém em sã consciência excluiria esse rol de direitos do contrato de trabalho, até porque, como enaltecido, foi essa relação jurídica que despertou a atenção dos operadores do direito para a necessidade de inserção dessas prerrogativas nas relações privadas.

A relativização da autonomia da vontade e da liberdade contratual no negócio jurídico afina-se com todo o corpo principiológico e com a própria razão de ser da relação de emprego — e do Direito do Trabalho —, já que esta se consagrou, em todos os segmentos, como a relação privada que rejeitou a ideia liberal-burguesa da vontade livre absoluta dos particulares.

Foi preciso agir desse modo, porque, diferentemente do que se verificava nas relações civis entre particulares, não se encontrava na relação entre empregado e empregador aquela igualdade entre os atores. Essa igualdade concebida para a relação civil era meramente formal. As relações de emprego rompem com a aceitação da igualdade no plano abstrato e impõem a busca pela igualdade material, concreta. Ou seja, a igualdade formal pregada pelo Direito Civil equivalia, muitas das vezes, à verdadeira desigualdade. E essa desigualdade acentuou-se na relação empregado/empregador.

A incidência dos direitos fundamentais nas relações de emprego é uma forma de desfazer essa desigualdade. Mesmo assim, ainda admitindo-se que o contrato de emprego repila a ideia absoluta de autonomia da vontade e da liberdade de contratar — pilares da Revolução Francesa e do Código Civil daquele país, que acabou por inspirar o nosso e tantos outros ordenamentos jurídicos em todo o mundo —, mesmo cogitando-se da necessidade de tratamento desigual aos desiguais, é certo que não se pode perder de vista que a incidência dos direitos fundamentais nessa relação busca assegurar a dignidade de ambos os contratantes, porque, como se viu, não se admite a defesa de um direito fundamental com a violação de outro, em face da unidade e da indivisibilidade do sistema que esses direitos integram.

Defendida a ideia de que os direitos fundamentais são plenamente aplicáveis nas relações de emprego, é preciso se falar das peculiaridades que envolvem a efetivação desses direitos. Pode-se começar dizendo que essa incidência revela "duas faces de uma mesma moeda". Isso porque, do mesmo modo que o empregado, por sua situação de inferioridade, reclama a incidência contundente dos direitos fundamentais nas relações de emprego, ele assume um compromisso, no ato da celebração do contrato, de se manter subordinado aos empregadores.

O contrato de emprego tem como traço distintivo dos demais a figura da subordinação de um dos contratantes. Sem a subordinação não se está diante do contrato de emprego. É assim que a lei se posiciona, mormente quando conceitua empregado e empregador[5].

A análise desses conceitos permite que se conclua que o empregado assume, com o contrato de emprego, submeter-se a um estado de sujeição perante o empregador, pois este último é o detentor dos meios de produção e, portanto, aquele que assume integral e exclusivamente os riscos do negócio. Essa relação confere ao empregador o poder de dirigir os meios de produção, em busca de atingir os fins a que este se destina. O empregado, por sua vez, incorpora o dever de subordinação, através do qual deve obedecer às ordens do empregador.

Não se quer dizer, com isso, que o empregado deva submeter-se a todo e qualquer comando. Quando as disposições empresariais aviltarem de modo irreversível a esfera de direitos fundamentais do empregado, tem-se que o mesmo não deve se sujeitar a tal ordem.

Contudo, em determinadas situações o poder empresarial será exercido de modo lícito e legítimo, ainda que isso implique, em determinadas oportunidades, a vedação do exercício, pelo empregado, de determinado direito fundamental. Não se está a defender a abdicação integral do exercício dos direitos fundamentais. É bom repetir que a defesa aqui proposta não é a de permitir a afronta irreversível

---

(5) Art. 2º Considera-se empregador a empresa, individual ou coletiva, que, assumindo os riscos da atividade econômica, admite, assalaria e dirige a prestação pessoal de serviços.
Art. 3º Considera-se empregado toda pessoa física que prestar serviços de natureza não eventual a empregador, sob a dependência deste e mediante salário. (artigos extraídos da CLT)

desses direitos. Mas, em dadas situações, esses direitos cedem diante de outros em colisão. Nas relações de emprego cedem, ainda, em face do estado de subordinação a que se submete o empregado.

A defesa dessa ideia afina-se com a própria manutenção da essência do contrato de emprego. Sim, porque não é admissível que se esteja diante de um contrato de emprego sem que se façam presentes o estado de subordinação do empregado e o poder diretivo do empregador. Esses elementos distinguem o contrato de emprego dos outros negócios jurídicos de direito privado. Nesse sentido, são as palavras da autora portuguesa Maria do Rosário Palma Ramalho:

> Mas a especificidade deste relacionamento, que permite operar a delimitação conceptual da figura do contrato de trabalho, reside no facto de se tratar de um relacionamento de domínio, já que uma das partes exerce poderes de ordenação, fiscalização e sancionatórios, que a outra parte é obrigada a suportar na sua esfera jurídica. (RAMALHO, 1993, p. 16)

A autora arremata essa afirmação dizendo o seguinte:

> O elemento da autoridade e direcção do empregador tem, pois, antes de mais, a função (que poderíamos dizer estática) de delimitador tipológico do contrato, já que só é contrato de trabalho, para efeitos legais, aquele em que se verifica essa autoridade e direcção de uma das partes sobre a outra — ou, o mesmo seria dizer, que nem todos os negócios jurídicos bilaterais que têm por objecto o binómio actividade laborativa-retribuição podem ser qualificados como contratos de trabalho.[6] (RAMALHO, 1993, p. 24)

Pode-se dizer que o exercício ilimitado de direitos fundamentais por parte do empregado pode comprometer a natureza do contrato que as partes celebraram, podendo, até mesmo, descaracterizar a relação como se de emprego fosse. Isso porque os elementos subordinação e poder diretivo do empregador exercem essencial função de delimitar, dogmaticamente, o tipo contrato de emprego, pelo que o comprometimento dessas circunstâncias compromete o próprio contrato.

O estado de subordinação do empregado faz que o empregador exerça o seu poder, e este, por sua vez, se volta para controlar não só os fins que se quer atingir com a atividade do empregado, mas também os meios a serem utilizados na perseguição desse fim. Duas razões explicam o controle absoluto do empregador: uma já foi referida linhas atrás, qual seja, o fato de o empregado não participar dos riscos do negócio empresarial; a outra está na natureza da prestação assumida pelo empregado, que Menezes Cordeiro, citado por Maria do Rosário Palma Ramalho, diz ser heterodeterminada.[7]

---

(6) A referida autora está claramente a se referir ao contrato de emprego, a despeito de utilizar-se da expressão contrato de trabalho.
(7) A referida autora explica essa heterodeterminação da seguinte maneira: "com a celebração do contrato ele coloca-se à disposição do empregador para, dentro do objecto contratual genericamente

Isso justifica conferir-se ao empregador o poder de comandar as ações do empregado. A heterodeterminação da sua prestação faz que o empregador amolde suas tarefas ao longo do desenvolvimento do contrato. O contrato de trabalho não apresenta rol das atividades possíveis de serem desenvolvidas pela pessoa contratada. No mais das vezes, fixa um cargo e, a este, normas empresariais, ou mesmo a praxe, atribuem um feixe de tarefas, mas isso não impede que outras sejam desenvolvidas, desde que compatíveis com a condição pessoal do empregado.

Essa característica de heterodeterminação é típica dos contratos de trato sucessivo, como é o de emprego, pois a continuidade das atividades justifica uma indeterminação das mesmas no ato da celebração do contrato, de modo a não engessar sua execução e prejudicar o seu cumprimento. A indeterminação do conteúdo das atividades do empregado e a sucessividade das prestações, unidas ao risco exclusivo do negócio assumido pelo empregador, justificam a conferência de um poder para este último, que assumirá nítida feição de poder de determinação das atividades.

O ordenamento jurídico brasileiro recepcionou essa natureza heterodeterminada da prestação contratual do empregado, consagrando-a em dois dispositivos da Consolidação das Leis do Trabalho[8].

O fato é que aquele empregado que celebra contrato de emprego investe o empregador de um poder de dirigir suas atividades. Esse poder, revestido dessas peculiaridades, não encontra paralelo em outro negócio jurídico privado. Alguns chegam a afirmar que a situação que a ele se assemelha é aquela detectada no poder do Estado. Só que este se justifica por um critério institucional, enquanto aquele justifica-se em face do contrato que se celebrou.

Por isso diz-se que o exercício desse poder é legítimo e se justifica pela outorga conferida pelo empregado quando celebra o contrato, cabendo a ele, a partir de então, obedecer e sujeitar-se a este comando. Foi essa situação dominial que deu

---

delimitado, aplicar as suas faculdades de trabalho às necessidades desse empregador, a quem, unilateralmente, caberá a concretização dessa disponibilidade em tarefas determinadas, integrando o conteúdo do objecto definido em cada momento. A possível indefinição inicial do objecto e a sua característica de heterodeterminação ao longo do desenvolvimento da relação laboral conferem pois uma especial relevância à disponibilidade do meio para a prossecução do fim, que justificou a atribuição do poder ao empregador" (RAMALHO, 1993, p. 105).
(8) Art. 444. As relações contratuais de trabalho podem ser objeto de livre estipulação das partes interessadas em tudo quanto não contravenha às disposições de proteção ao trabalho, aos contratos coletivos que lhes sejam aplicáveis e às decisões das autoridades competentes.
Art. 456. (...)
Parágrafo único. À falta de prova ou inexistindo cláusula expressa a tal respeito, entender-se-á que o empregado se obrigou a todo e qualquer serviço compatível com a sua condição pessoal (BRASIL, 2006, p. 56-58).
O art. 444, quando se refere a contrato coletivo, está a querer se referir aos atuais acordos e convenções coletivas de trabalho.

origem ao contrato de emprego, e foi este contrato que o nosso ordenamento chancelou e legitimou, como se viu da leitura dos arts. 2º e 3º da Consolidação das Leis do Trabalho.

Diz-se mais: essa relação de poder, não detectada em outros negócios jurídicos privados obrigacionais, acarretou em mais uma incompatibilidade entre o direito do trabalho e o direito civil, o que justificou o rompimento do primeiro com este último.

Pode-se, com isso, chegar à conclusão, a exemplo do que fez Maria do Rosário Palma Ramalho, de que a relação de emprego caracteriza-se pelos binômios atividade laborativa-remuneração e sujeição-supremacia (RAMALHO, 1993, p. 428-430). E é este primeiro binômio que apresenta uma das vantagens que leva o empregado a aderir ao contrato de emprego e, por isso, assumir o estado de sujeição que este acarreta. A vantagem está naquilo que a autora referida definiu como sendo "[...] a responsabilidade remuneratória acrescida do empregador" (1993, p. 428-430), que ela explica ser:

> [...] o facto de ele se encontrar obrigado não apenas a remunerar o trabalhador pela actividade laborativa prestada (é a retribuição em sentido estrito, como contrapartida do trabalho prestado que se insere no sinalagma funcional da zona obrigacional do contrato, já referido — art. 1º e art. 82º da LCT, mas a 'remunerar' o trabalhador em diversas situações de não prestação de actividade laborativa, como se ela a tivesse efectivamente prestado; e ainda ao facto de, no caso normal de a remuneração corresponder à actividade prestada, se verificar a sua independência em relação à utilidade material efectivamente retirada dessa actividade pelo empregador.[9] (RAMALHO, 1993, p. 435)

Com essa afirmação, o que se quer dizer é que a obrigação remuneratória do contratante-empregador também se reveste de peculiaridades que marcam esse contrato. É com base nessa obrigação remuneratória típica ("acrescida") do empregador que se justificam os pagamento de faltas justificadas, dos 15 primeiros dias de afastamento do empregado por motivo de doença, de férias, de 13º salário. Essa obrigação remuneratória impõe, ainda, o pagamento do salário, ainda que o empregado não tenha sido produtivo para o empregador. Obriga o empregador a pagar salários mesmo que seu negócio esteja passando por dificuldades financeiras.

Procedendo-se à junção dos dois binômios que marcam o contrato de emprego, pode-se dizer que o empregador, quando contrata o empregado, assume esta obrigação remuneratória ampla. E esta obrigação ampla configura uma inequívoca proteção remuneratória, que motiva o empregado a, em busca desta segurança, submeter-se ao estado de subordinação que o contrato lhe impõe. A autora portuguesa acima referida chega a afirmar que é isso que se pode chamar

---

(9) Apesar da referência a dispositivo legal português, o mesmo ocorre no direito brasileiro.

de relação de emprego (RAMALHO, 1993, p. 441). E é a referida autora que diz que esse benefício justifica, inclusive, a escolha daqueles que optam por celebrar contrato de emprego, ao invés de se manterem na autonomia:

> Porque é que, podendo o trabalhador desenvolver a sua actividade de uma forma autónoma opta por desenvolvê-la em posição subordinada? A resposta é óbvia e tem carácter económica: a opção é feita pela segurança económica acrescida que, em princípio, lhe é assegurada no trabalho por conta de outrém, através da maior extensão da obrigação remuneratória do empregador — o pagamento de faltas justificadas de subsídio de férias e de Natal, as prestações remuneratórias por antiguidade, e muitas outras prestações do empregador não fazem sentido fora do domínio do trabalho por conta de outrém; e, sobretudo, a indiferença dos resultados atingidos para o valor da retribuição não se verifica no trabalho autónomo, em que o factor aleatório reveste muito maior significado. (RAMALHO, 1993, p. 442)

Essas ideias levam à conclusão de que o exercício dos direitos fundamentais no contrato de emprego, se reveste, inequivocamente, de peculiaridades que o diferenciam dos outros negócios jurídicos privados. Atento a essa distinção, foi que Arion Sayão Romita formulou o seguinte questionamento: "[...] o trabalhador pode exercer os direitos fundamentais na relação de trabalho da mesma forma como os exerce em outros setores da vida social?" (ROMITA, 2005, p. 192).[10]

A resposta a esse questionamento é dada pelo próprio autor, no seguinte sentido:

> os direitos fundamentais na relação de trabalho não são exercidos da mesma forma como são exercidos em face do poder público ou em outros setores da vida social, isto é, sofrem limitações específicas. A razão deriva da própria natureza sinalagmatica do contrato, em virtude da qual os sujeitos se obrigam reciprocamente um em face do outro, já que o contrato de trabalho é um contrato de intercâmbio patrimonial. (ROMITA, 2005, p. 192)

O referido autor conclui seu raciocínio de modo enfático:

> Em consequência, o exercício dos direitos fundamentais dos trabalhadores na empresa pode ser objeto de limitações específicas em atenção ao adequado cumprimento das obrigações que o empregado assume por força do contrato. (ROMITA, 2005, p. 192)

O que ocorre, em verdade, é que a vida profissional do empregado compõe uma esfera que se pode atribuir a cada pessoa como sendo sua vida pública. A vida pública do indivíduo está intimamente ligada com a ideia do indivíduo em seu

---

(10) Relação de trabalho, mas em verdade o autor quer se referir à relação de emprego.

meio social, ou seja, aquelas situações da vida do indivíduo que se desenvolvem na presença de outras pessoas. É desse modo que se deve encarar o empregado em seu ambiente de trabalho, momento em que ele se relaciona com outras pessoas, ou seja, seus colegas, superiores, clientes etc. Em contraposição a essa esfera pública tem-se a privada, mas, mesmo esta, por vezes, pode sofrer a incidência do poder do empregador (ROMITA, 2005, p. 193).

Referido autor traz, em apertada síntese, a posição defendida por Antonio Baylos, que merece ser transcrita em reforço ao que se quer defender neste trabalho. O referido jurista defende uma neutralidade a ser observada pelo empresário na condução do seu negócio e refere o seguinte:

> Esta neutralidade da atuação do empresário, requerida pela organização das atividades produtivas da empresa, implica que esta organização não pode ser alterada para facilitar o exercício de direitos fundamentais do trabalhador, pois estes não constituem por si mesmos ilimitadas cláusulas de exceção que justifiquem o descumprimento por parte do empregado de seus deveres trabalhistas. Por outro lado, os deveres assumidos pelo empregado, por força da celebração do contrato de trabalho, lastreados nos princípios básicos que regem sua execução — boa-fé e confiança recíproca — também impõem limites ao exercício dos direitos fundamentais. Determinadas manifestações das liberdades públicas que assistem ao cidadão não são legítimas na relação de trabalho, precisamente em virtude das obrigações assumidas por contrato. A inserção num âmbito de direção e organização alheio impede ou limita o exercício dos direitos democráticos básicos. (ROMITA, 2005, p. 197-198)

Esses limites, o autor citado diz serem de ordem jurídica. E a eles acrescenta os de ordem política, que consistem no fato de que os direitos fundamentais são impostos como fatos políticos garantidos pelo Estado, mas são determinações externas à empresa que se inserem na sua órbita, carecendo, contudo, de se compatibilizar com a sua organização (ROMITA, 2005, p. 198).

Viu-se, com isso, que a relação de emprego apresenta duas possibilidades que vedam o exercício dos direitos fundamentais pelos empregados. Numa, o empregado submete-se ao comando do empregador e contra isso não pode se insurgir, mesmo que, às vezes, esteja em jogo a defesa de direitos fundamentais. Noutra, o exercício do direito fundamental do empregado entra em choque com direitos fundamentais do empregador e de outros empregados, devendo ceder quando da aplicação da técnica de ponderação delineada nos itens anteriores.

Em ambos os casos, a defesa dessas garantias se apresentará em nítido abuso de direito. No primeiro caso, o exercício dos direitos fundamentais violará a boa-fé materializada na confiança depositada pelo empregador no ato da contratação. O empregado aceita submeter-se ao comando empresarial, contudo, no curso da relação adota posicionamento oposto. Aceita submeter-se ao comando empresarial e, logo depois, volta-se contra o compromisso antes assumido (*venire contra factum proprium*). Esse posicionamento abusivo atenta contra a própria essência do contrato de emprego, pois afronta a subordinação e o poder diretivo do empregador.

Junto a essa violação do compromisso contratual assumido, o empregado ainda deixa de exercer os deveres laterais assumidos quando da celebração do contrato, estes últimos decorrentes da boa-fé objetiva que envolve o contrato de trabalho, e volta a ofender a boa-fé (objetiva).

Nesse sentido vem se posicionando o Tribunal Constitucional da Espanha, que, malgrado garanta o exercício dos direitos fundamentais no ambiente empresarial, diz que estes devem se compatibilizar com a exigência da boa-fé manifestada no ato da celebração do contrato. Esse foi o relato trazido por Maria Emília Casas Baamonde, que se refere ao condicionamento desses direitos, pelo fato de estes surgirem no âmbito da prestação de um trabalho numa organização alheia, o que impõe que esses direitos dos trabalhadores se adaptem a essa organização produtiva (BAAMONDE, 2000, p. 88).

Neste sentido, prevendo esse abuso, é o pensamento de Arion Romita:

> Se é certo que a empresa não pode ser considerada um mundo separado dos demais setores da vida social (por isso, os direitos fundamentais nela se inserem), não menos certo é que os deveres assumidos pelo empregado devem ser cumpridos de boa-fé, o que significa devam ser evitados excessos ou abusos desnecessários no exercício dos direitos fundamentais. (ROMITA, 2005, p. 192)

No segundo caso, o exercício irrestrito do direito fundamental atenta contra a função social que envolve toda a categoria dos direitos fundamentais, que já se teve oportunidade de abordar anteriormente. Pior: ainda implicará a ofensa direta dos direitos fundamentais em colisão, o que não pode ser admitido.

Assim, tem-se que, na relação de emprego, os direitos fundamentais sofrem as limitações acima identificadas. A questão a ser dirimida, esta com maior grau de dificuldade, é estabelecer como e quando isso é possível. Resolver este problema é o que se pretende nas próximas linhas.

Mais do que isso, a problemática será exposta quando colocados em colisão os direitos à intimidade e vida privada com os da propriedade do empregador. A abordagem afunilar-se-á ainda mais quando nos referirmos à questão da revista pessoal de empregado. Abordar-se-á esse princípio fundamental na hipótese em concreto, à luz da posição do empregado, da posição do empregador e, também, da posição dos outros trabalhadores que compõem a empresa que adota essa prática de defesa do patrimônio. Isso porque a busca é demonstrar, também, que os empregados têm interesse direto na manutenção do patrimônio empresarial, pois isso implicará, necessariamente, a manutenção da existência do próprio ente empresarial.

Quando a limitação do direito fundamental do empregado mostrar-se imprescindível para a manutenção da empresa e dos direitos fundamentais de empresário e dos demais empregados — nas hipóteses acima descritas —, opera-se a restrição ao direito do obreiro. É nesse momento que o exercício desse direito pelo empregado se mostrará abusivo.

Nesse momento, é preciso que se diga que a manutenção da propriedade empresarial, com a consequente manutenção dos postos de trabalho criados, se afina com um dos fundamentos do Estado Democrático de Direito, qual seja, os valores sociais do trabalho e da livre-iniciativa.

Aqui, como uma prévia conclusão, afirma-se que não se pode alcançar um Estado Democrático de Direito privilegiando-se a dignidade da pessoa humana em detrimento dos valores sociais do trabalho e da livre-iniciativa e vice-versa. Ambos são dignos de proteção, e a ruptura de um deles quebra um dos pilares de sustentação desse Estado Democrático de Direito.

3.

DA INTIMIDADE E DA VIDA PRIVADA — DIREITOS DE PERSONALIDADE

3.1. Dos direitos de personalidade — Conceito e natureza jurídica

A simples circunstância de o homem viver em sociedade demanda a ideia de que a ele são inerentes um feixe de direitos e outro de obrigações. A preservação do primeiro e o cumprimento do segundo permitirão uma convivência harmoniosa entre os cidadãos integrantes de um determinado círculo social.

No rol dos direitos insere-se uma categoria que objetiva materializar a personalidade do ser humano. A esses direitos convencionou-se chamar de direitos da personalidade.

A personalidade revela aquilo que é pessoal, ou seja, concretiza a esfera individual do ser humano, suas singularidades, seus traços típicos, sua originalidade. Transportando-a para o mundo do direito, fato que lhe confere a alcunha de personalidade jurídica, esta se revela como sendo o "[...] conjunto de estados pessoais que integram a personalidade jurídica da pessoa física [...]", no dizer de Lodovico Barassi, citado por Roxana Borges. Ou, como define a própria autora, é o "[...] atributo jurídico que permitiria às pessoas (que a tivessem) a possibilidade de constituir relações jurídicas" (BORGES, 2005, p. 9).

A importância dos direitos da personalidade para o ser humano é praticamente um consenso. Alguns potencializam esse relevo, como faz Sandra Lia Simón, que chega a afirmar que os direitos que buscam concretizar a personalidade são de tal modo essenciais, que sem eles a personalidade seria uma idealização do legislador e a pessoa simplesmente não existiria (SIMÓN, 2000, p. 61).

O estudo dos direitos que concretizam a personalidade jurídica do homem revela-se essencial para a abordagem a que se propôs neste trabalho, porque o problema aqui enfrentado os colocará em situação de conflito com direitos de outras categorias, todos pertencentes ao gênero fundamental.

Essa abordagem deve começar na busca pelo melhor conceito de direitos da personalidade. Para vencer essa etapa é preciso, de início, separar os estudiosos desse assunto em dois grandes grupos: os jusnaturalistas e os positivistas.

Para os jusnaturalistas, os direitos da personalidade são inerentes às pessoas. Ou seja, nasce com elas, o que prescindiria a conversão dos mesmos em normas escritas. São direitos inatos às pessoas. Dentre os defensores dessa posição podem ser citados Carlos Alberto Bittar e Maria Helena Diniz, entre tantos outros. Esses defensores entendem os direitos da personalidade como simples direitos da existência, pois a lei tão só dá singela permissão, a cada indivíduo, de defender um bem que lhe foi dado pela natureza.

Os positivistas, em sentido diametralmente oposto, entendem tratar-se dos direitos que concretizam a própria pessoa, sendo essencial para sua própria existência. Neste grupo estão Adriano De Cupis, Arnoldo Wald, Limongi França.

A distinção acima destacada, apesar da sua importância científica, atualmente está superada pelo fato de que os direitos da personalidade foram inseridos nos mais variados ordenamentos jurídicos, circunstância que lhes atribuiu carga positivista, sem que eles deixassem de ser inerentes, próprios do ser humano.

A positivação referida decorreu, a exemplo do que se deu com os direitos fundamentais de um modo geral, da necessidade de se afirmar esse rol de direitos, atribuindo-lhe segurança jurídica, o que permitiu que estes erigissem a status de liberdades públicas, porque protegidos pelo Poder Público. Isso, porém, não afastou a importante influência da corrente jusnaturalista. Nesse sentido, Sandra Lia Simón: "O jusnaturalismo teve incontestável influência no surgimento das liberdades públicas, mas estas só se efetivaram a partir do momento histórico que possibilitou sua positivação" (SIMÓN, 2000, p. 45).

Essa positivação do rol de direitos da personalidade atingiu sua consagração na França, em 1789, com a Declaração de Direitos do Homem e do Cidadão. A partir de então, pôde-se conceber as liberdades públicas concretizadas em ordenamento jurídico e, o que é mais importante, em um ordenamento que trouxe consigo um caráter de universalidade. Sim, porque a referida Declaração, porque valorizou a pessoa humana, já que calcada nas ideias de liberdade, igualdade e fraternidade, acabou tendo influência sobre vários povos do mundo.

Por isso mesmo alguns jusnaturalistas, que continuavam a defender tais direitos como nascidos com o ser humano, renderam-se ao fato de que o Estado só os respeitaria de fato se eles estivessem positivados. No entanto, é preciso que se defenda que a positivação desse rol de direitos não significou atribuir-lhes uma tipicidade, ou seja, o ordenamento não esgota, não exaure todas as espécies de direitos da personalidade. Ou, no dizer de Roxana Borges:

> Os direitos da personalidade não são *numerus clausus*. O catálogo está em contínua expansão, constituindo uma série aberta de vários tipos, ou, também, conforme a doutrina italiana, pode-se falar em um direito geral da personalidade, que abarcaria todas as espécies de direitos de personalidade, presentes e futuras. (BORGES, 2005, p. 24)

Exposta essa situação, cabe conceituar esses direitos tidos como da personalidade. Vários autores propuseram-se a apresentar uma definição que contemplasse a importância desse rol de prerrogativas. Limongi França, citado por Alexandre Belmonte, diz que os direitos da personalidade "[...] são aqueles que recaem em certos atributos físicos, intelectuais ou morais do homem, com a finalidade de resguardar a dignidade e integridade da pessoa humana" (BELMONTE, 2004, p. 31).

A definição que parece mais adequada para a linha de defesa que aqui se propõe é aquela apresentada por Alberto Trabucchi, citado por Roxana Borges, que estabelece que "[...] são direitos essenciais que visam a garantir as razões fundamentais da vida da pessoa e o desenvolvimento físico e moral de sua existência, tendo por objeto modos de ser da mesma pessoa" (BORGES, 2005, p. 22).

O rol de características dos direitos da personalidade também é estabelecido de modo distinto, a depender do autor que o aborde. Alguns destacam dentre essas características a intransmissibilidade e a indisponibilidade (impossibilidade de mudança de sujeitos), irrenunciabilidade (o titular dele não pode dispor a ponto de eliminá-lo), possibilidade de consentimento (possibilidade que tem o titular de permitir certas lesões a esse direito, sem, contudo, comprometer a essência do mesmo), insusceptibilidade de execução forçada (não pode mudar de titular, consequência da intrasmissibilidade); imprescritibilidade (não podem ser apagados pelo tempo) (DE CUPIS, *apud* SIMÓN, 2000, p. 64-65).

Rubens Limongi França classifica os direitos da personalidade do seguinte modo: direito à integridade física (direito à vida, à higidez corpórea, às partes do corpo, ao cadáver etc.); direito à integridade intelectual (direito à liberdade de pensamento, autoria artística, invenção); direito à integridade moral (direito à imagem, privacidade, intimidade etc.) (*apud* BARROS, 1997, p. 26).

Já se viu que os direitos à intimidade e à vida privada, como integrantes do rol dos direitos da personalidade, podem ser inseridos dentre aqueles ligados à integridade moral dos seus titulares. Exatamente por isso pode-se afirmar, sem receio, que a observância dessa espécie de direitos deve levar em consideração, sempre, a dignidade da pessoa humana. Essa constatação será decisiva para que se firme posicionamento em derredor das situações que serão apresentadas mais adiante.

Estabelecidos os conceitos acima, é pertinente proceder-se ao estudo da natureza jurídica desses direitos. Isso porque, como afirma Mônica Aguiar, esse é um "[...] ponto essencial para o estudo da existência de restrições ao seu exercício e, por consequência, para o tratamento adequado, quando existente conflito entre algum desses direitos e outros de igual jaez" (CASTRO, 2002, p. 55).

Se é assim, e se o fim aqui buscado é, justamente, defender a possibilidade de serem estabelecidos limites ao exercício desse direito, sendo que se fará o devido corte metodológico para que a abordagem se restrinja às hipóteses da relação de emprego, a natureza jurídica dessa categoria de direitos há de ser esmiuçada.[1]

---

(1) Nesse sentido, defendendo a importância de se detalhar a natureza jurídica dos direitos de personalidade, quando a abordagem do mesmo se voltar a colidi-los com outros direitos (tal qual a

Para se atingir o objetivo de delimitar a natureza jurídica desses direitos, é preciso relembrar o confronto travado entre as teorias negativistas e as afirmativas.

As primeiras negavam a existência desses direitos, pois não conseguiam conceber que se pudesse estabelecer um direito do homem sobre a própria pessoa, exceto se se concebesse a permissão para o suicídio. As correntes afirmativas, que hoje vigoram, reconhecem a existência desses direitos, chegando alguns a defender que tais direitos são essenciais ao homem (CASTRO, 2002, p. 56-58).[2]

A prevalência do pensamento dos adeptos das correntes afirmativas é que leva a que tais direitos assumam nítida feição de direito subjetivo. Dada a relevância que a estes se atribui, pode-se afirmar, ao menos no que se refere ao ordenamento jurídico pátrio, que são direitos subjetivos e fundamentais, já que, a despeito de inerentes ao homem, a proteção a eles atribuída se dá em sede constitucional, no rol de direitos e garantias fundamentais, conforme se verá da remissão a ser feita ao art. 5º, X, da Carta Política.[3]

Resta delimitá-los para saber se contidos na esfera pública ou privada. Essa distinção, contudo, hoje se afigura desnecessária, diante da linha de pensamento que vem sendo consagrada, ao menos nos meios acadêmicos, em que a palavra de ordem é a publicização do direito privado e privatização do direito público, de modo a que os institutos jurídicos possam transitar livremente em ambas as searas.

O capítulo seguinte trará a abordagem dos direitos da personalidade envolvidos no conflito aqui proposto, ou seja, a intimidade e a vida privada. É certo que a intimidade, por si só, bastaria, mas distingui-la da vida privada, hoje, é tarefa obrigatória daqueles que se dispõem a tratar dessa temática.

3.2. Da intimidade e da vida privada

Os direitos à intimidade e vida privada são próprios dos chamados direitos de personalidade, os quais se prestam a dar concretização à personalidade jurídica, sem o que esta seria uma mera ficção do legislador e, pode-se dizer, sem o que as pessoas sequer existiriam juridicamente (SIMÓN, 2000, p. 61).

---

proposta dessa dissertação), refere Mônica Aguiar que "a indispensabilidade dessa determinação é, antes de mais nada, uma que se faz como forma de garantir a cientificidade ao estudo, eis que, é da compreensão da natureza jurídica desses direitos que decorrem os efeitos do exame do tema e da construção da hipótese de trabalho, no sentido de que compete ao jurista a escolha do bem a ser protegido" (CASTRO, 2002, p. 55).
(2) Orlando Gomes é enfático ao definir que "são direitos essenciais à pessoa humana, que a doutrina moderna preconiza e disciplina, a fim de resguardar a sua dignidade" (*apud* CASTRO, 2002, p. 58).
(3) Quando se fala em inerentes ao homem, quer-se com isso dizer que o cidadão os adquire com o seu nascimento. Porém, não se pode desprezar a necessidade de tutela constitucional, como forma de garanti-los, de modo a permitir que seja preservada a dignidade da pessoa humana.

Já se viu que os direitos à intimidade e à vida privada, como integrantes do rol dos direitos da personalidade, podem ser inseridos dentre aqueles ligados à integridade moral dos seus titulares. Por serem inerentes à personalidade e por estarem ligados à integridade moral, adotando-se o critério de classificação sugerido por Limongi, pode-se afirmar, sem receios, que a observância dessa espécie de direitos deve levar em consideração, sempre, a dignidade da pessoa humana.

Não é incomum encontrar, na doutrina, quem ainda confunda essas duas espécies de direitos da personalidade. Contudo, não se pode negar que eles apresentam uma marcante diferença.

O direito à intimidade deriva do direito de estar só (*right to be alone*), originário do ordenamento norte-americano. Ocupa-se ele da esfera mais reservada, mais recôndita do ser humano. Aquela que só a ele é dado conhecer, aquela que ele, querendo, participa com outros, mas, necessariamente, só é percebida se por ele consentido. São próprias dessa esfera: opção sexual, vícios, traumas, hábitos, o corpo e as suas marcas ou sinais.

Já a vida privada refere-se a uma esfera mais ampla que a intimidade, porque diz respeito a situações que a pessoa tem diante de seu círculo familiar, de amizade, meio social etc. Essas situações, que, *prima facie*, são repartidas com as pessoas da família, ou amigos, no entanto, tendem a ser preservadas no que se refere àqueles com quem o titular do direito não deseja participar acerca de tais particularidades.

Inequívoco, assim, que intimidade e vida privada se apresentem em planos distintos. A primeira, em menor escala, e a segunda num patamar mais elasticido. O ordenamento jurídico constitucional brasileiro se encarregou de sepultar, de uma vez, todas as possibilidades de se imaginar uma igualdade entre tais direitos. Essa citação será vista no item seguinte.

3.2.1. Da tutela jurídica à intimidade e à vida privada

Neste tópico, será feita uma abordagem específica da tutela dos direitos à intimidade e à vida privada, sem inseri-las, ainda, nas relações de emprego.

Por serem elementos da personalidade e por estarem revestidos de todas aquelas características citadas no item anterior deste trabalho, pode-se afirmar que a intimidade e a vida privada nasceram junto com a criação do homem. Porém, a questão é saber quando, exatamente, surgiu a tutela jurídica desses bens.

As opiniões a respeito da origem desses direitos são divergentes. Alice Monteiro de Barros cita a teoria racionalista de Perez Luño, que sustenta que a intimidade surgiu com a desagregação do sistema feudal, traduzindo a vontade da classe burguesa de ter acesso às propriedades, que era um privilégio de poucos (BARROS, 1997, p. 19).

A mesma autora refere que, na Grécia clássica, Eurípedes identificara o conflito entre o mundo político e o mundo privado. Junto com ele, Heródoto, Platão e Péricles admitiam a ideia do homem interior, enquanto Aristóteles vinculou as ideias de liberdade e intimidade. Com o Cristianismo, a noção de intimidade encontrou a forte proteção da pena de Santo Agostinho. Porém, Alice Monteiro de Barros, firme nas palavras de Carlos Miguel Ruiz, sentencia que a visão jurídica da intimidade surgiu com os romanos, que disciplinaram a respeito da intimidade das correspondências, dos domicílios e as liberdades religiosas (Edito de Milão de 313, promulgado pelos imperadores Constantino e Licínio, o qual estabelece uma neutralidade das religiões) (BARROS, 1997, p.19-21).

Deixando de lado as controvérsias, o fato é que parte da doutrina afirma que o artigo "The right to privacy", de Samuel Warren e Louis Brandeis, publicado na revista *Harvard Law Review,* em 1890, foi a primeira grande construção doutrinária voltada para o direito da intimidade, abordando-o em exame sobre a noção do abuso da liberdade de imprensa. Sua grande contribuição foi ter desassociado esse direito da noção que o alimentava, voltada para a propriedade privada. A respeito dessa obra precursora e influenciadora, Sandra Lia Simón manifesta-se dizendo o seguinte:

> Warren e Brandeis examinaram a problemática da intimidade em contraponto com o abuso da liberdade de imprensa. Em primeiro lugar, os autores procederam a uma análise da evolução do conceito de "direito à vida", que já não se limita à proteção dos indivíduos em face das diversas formas de violência, mas abrange, também, o "direito de desfrutar a vida" e o "direito de não ser molestado". Depois estudaram a evolução do conceito de "direito de propriedade", para concluir que, além dos bens materiais, existem os bens imateriais, que compreendem os produtos e processos da mente, tais como as obras literárias e artísticas, os segredos industriais, as marcas de comércio, e perceberam que esses bens imateriais são igualmente protegidos. (SIMÓN, 2000, p. 72)

Os autores referidos acabam concluindo que os direitos em destaque são tutelados pelo sistema do *common law*. A importante consequência desse trabalho literário, que separa as noções de intimidade e de propriedade, foi pensar na intimidade e na vida privada com o foco mais voltado para a dignidade da pessoa humana, e não com uma visão patrimonial simplista.

Os direitos à intimidade e à vida privada encontraram guarida na Declaração dos Direitos do Homem e do Cidadão, de 1789, em alguns dos seus artigos, a exemplo do art. 1º, que declinou que os "os homens nascem livres e iguais em direito"; o art. 2º, que tutela os direitos naturais e imprescritíveis do homem, a exemplo da liberdade, da propriedade, da segurança e resistência à opressão; o art. 10, que dispõe que "[...] ninguém deve ser inquietado por suas opiniões, mesmo religiosas"; o art. 11, que salvaguarda "a livre comunicação dos pensamentos e das opiniões como um dos direitos mais preciosos do homem" (BARROS, 1997, p. 21-22).

Alice Monteiro de Barros (1997) ainda refere tutela dos citados direitos na Declaração Universal dos Direitos do Homem, de 1948, que em seu art. 12 diz que "ninguém será objeto de ingerências arbitrárias em sua vida privada, em sua família, em seu domicílio, ou em sua correspondência, nem a atentados a sua honra e à sua reputação. Toda pessoa tem direito à proteção da lei contra tais intromissões ou atentados". Outros diplomas são mencionados, a exemplo da Convenção Europeia dos Direitos do Homem, de 1950, a Convenção Interamericana dos Direitos Humanos, de 1969.

No Brasil, esses direitos vieram disciplinados em sede de leis ordinárias, com ênfase para as previsões contidas no nosso Código Penal, notadamente nos arts. 150 (que repudia a violação de domicílio), 151 (que repele a violação de correspondências), dentre outras. O Código Civil de 1916 garantia a preservação do segredo de correspondências no então art. 671, mas este acabou revogado pela lei de direitos autorais.

O progresso e os avanços tecnológicos tiveram decisivo papel na valorização desses direitos, mas é um erro imaginar-se que tenham sido eles os criadores dessas prerrogativas. Como preceitua Celso Ribeiro Bastos: "[...] a evolução tecnológica torna possível uma devassa da vida íntima das pessoas, insuspeitada por ocasião das primeiras declarações de direitos" (BASTOS, 1998, p.194).

Como consequência desse fenômeno, esse direito passou a ser tutelado em sede constitucional, como garantia fundamental, pois só assim se vislumbrou a possibilidade de lhe proporcionar uma maior proteção. Essa constitucionalização, malgrado não seja garantia da efetividade do direito, ao menos, no dizer de Canotilho, assegura a fundamentalidade do direito (CANOTILHO, 1996, p. 498-499).

Esta fundamentalidade e a constitucionalização geram consequências de ordem formal (as normas que asseguram esses direitos estão num patamar hierárquico superior; os processos de revisão das mesmas são mais complicados; por trazerem consigo direitos fundamentais são menos suscetíveis de revisão constitucional; vinculam o poder público), e de ordem material (permite que a Constituição albergue direitos fundamentais, mesmo não constitucionalizados; possibilita o surgimento de novos direitos — as chamadas cláusulas abertas e os princípios da não tipicidade das liberdades públicas) (SIMÓN, 2000, p. 55).

As Constituições brasileiras anteriores à de 1988 protegiam as manifestações mais explícitas e conhecidas de violação da intimidade e da vida privada. Foi assim em 1824 (art. 179, VII e XXVII) e em 1891 (art. 72, §§ 11 e 18), quando se protegia, apenas, a inviolabilidade do domicílio e das correspondências. Essa linha foi seguida pela Carta de 1934, que só acrescentou a possibilidade de tutela de outros direitos, mesmo que não referidos expressamente pelo diploma constitucional (art. 114). No mesmo sentido a Constituição de 1937. A Carta Política de 1946 trouxe como novidade, no art. 141, a primeira tutela constitucional explícita do direito à vida, daí se extraindo a intimidade e a vida privada, porque direitos intrínsecos dessa garantia. Nada foi modificado pela Carta de 1967 e Emenda de 1969.

A Constituição Federal de 1988 prevê a proteção à intimidade e à vida privada, no art. 5º, inciso X, conferindo-lhes *status* de direito e garantia fundamental. Diz o citado artigo:

> Art. 5º Todos são iguais perante a lei, sem distinção de qualquer natureza, garantindo-se aos brasileiros e aos estrangeiros residentes no País a inviolabilidade do direito à vida, à liberdade, à igualdade, à segurança e à propriedade, nos termos seguintes:
>
> (...)
>
> X — são invioláveis a intimidade, a vida privada, a honra e a imagem das pessoas, assegurado o direito a indenização pelo dano material ou moral decorrente de sua violação. (BRASIL, 2003, p. 20-22)

A norma constitucional, de modo claro, tutela a intimidade e a vida privada, distinguindo esses direitos. No dizer do eminente Pinho Pedreira:

> Geralmente não se distingue o direito à intimidade do direito à vida privada. Mas a Constituição de 88 previu-os separadamente. Considerou, pois, direito à intimidade diverso do direito à vida particular, quando a doutrina reputava vida privada manifestação da intimidade, conforme recorda José Afonso da Silva. Antonio Jeová Santos participa do mesmo entendimento de que, "... quando a Constituição utilizou-se de intimidade e vida privada não o fez em vão, nem repetiu conceitos jurídicos idênticos. Considerou a vida privada como gênero que inclui intimidade no núcleo central". Também para João de Lima Teixeira Filho "vida privada" enseja consideração mais ampla que a intimidade, esta de cunho mais restrito. Além de compreender a esfera familiar, a vida privada envolve as amizades próximas, os relacionamentos com grupos fechados, de acesso limitado. (SILVA, 2004, p. 66)

Neste sentido mostram-se valorosas as lições de Celso Antonio Pacheco Fiorillo e Marcelo Abelha Rodrigues, ambos citados por Sandra Lia Simón, que veem a intimidade e a vida privada como espécies distintas do gênero "direito ao resguardo", no qual intimidade é o conteúdo e a vida privada o continente, dando o esclarecedor exemplo de que "[...] uma determinada família tem direito à vida privada na sua casa, em relação ao mundo exterior. Só que cada membro da família tem direito à intimidade para com os demais membros desta mesma família" (SIMÓN, 2000, p. 74).

Este pensamento segue a linha da diferenciação da teoria alemã, citada por Santos Cifuentes, em que se identifica uma esfera íntima (a reserva individual, que o indivíduo guarda em segredo) e uma privada (aquilo que a pessoa compartilha com outras, ou no seio da família, ou de amigos, ou de vizinhos etc.) (*apud* SIMÓN, 2000, p. 75-76).

O texto constitucional preocupou-se em fazer a abordagem mais explícita possível. A simples garantia do direito à vida, com a mantença do resguardo dos direitos de sigilo às correspondências e propriedades dariam margem a se interpretar que daí emergiria a tutela da intimidade e da vida privada dos cidadãos.

Mas o contexto histórico que fez surgir a atual Carta Magna, ou seja, no período pós-ditadura militar, de restabelecimento do Estado Democrático de Direito, levou o legislador constituinte a ser o mais exaustivo possível, até para que se evitassem margens e brechas interpretativas do texto.

Isso motivou a tutela diferenciada da intimidade e da vida privada, além das proteções já existentes nos textos anteriores. Não só isso, quis o legislador amparar os dois direitos citados, diferenciando-os, seguindo a linha mais cautelosa daquela parte da doutrina que defende serem direitos distintos.

3.3. Da disponibilidade dos direitos de personalidade

Uma questão que se mostra revestida de enorme polêmica é aquela atinente à disponibilidade dos direitos de personalidade. Diz-se isso em função da enorme importância que se atribui a esses direitos, conforme se teve oportunidade de enfatizar no item 3.1. Esse aspecto faz que muitos doutrinadores defendam que essas prerrogativas não ingressam numa esfera de circulação jurídica.

Essa mentalidade, contudo, vem sendo superada. A doutrina vem defendendo a possibilidade de o titular do direito de personalidade dele dispor, colocando-o no centro de relações jurídicas. Para tanto, basta fazer valer a autonomia da sua vontade.

A dificuldade de aceitar-se essa ideia decorre da resistência de alguns em encarar esses direitos como se fossem bens passíveis de circulação em negócios jurídicos próprios. Os bens que se revestem de características econômicas, os chamados bens econômicos, são tidos como externos à pessoa do ser humano. Os direitos de personalidade enquadrar-se-iam como bens jurídicos não econômicos e, portanto, internos. Nada impede, porém, que, ainda que internos, submetam-se a relações jurídicas. Apesar de direitos inerentes ao homem, eles não se confundem com o próprio homem e, por isso, esses bens — e não a própria pessoa — tornam-se objeto de direito. Ou seja, só não aceita a ideia de disponibilidade jurídica desses bens aquele que comete o erro de confundir os direitos de personalidade com o próprio homem, ou os que cometem o erro de defender que os bens jurídicos são sempre econômicos (BORGES, 2005, p. 44-46).

Inúmeros são os exemplos de disponibilidade dos direitos de personalidade. O elenco trazido por Roxana Borges, na citação abaixo, confirma o que se está a dizer aqui:

> Os atos de autonomia privada acontecem em áreas diversas, não apenas no âmbito econômico. Quando a negociação é sobre interesses não patrimoniais, os atos de autonomia privada normalmente estão

relacionados com os direitos de personalidade. É o que ocorre na atuação da autonomia privada sobre doação de sangue, doação de órgãos, cessão de uso de imagem e de nome, cessão de direitos sobre a privacidade e a intimidade, dentre outros. (BORGES, 2005, p. 50)

É bom esclarecer, como adverte a própria doutrinadora citada, que não se está a defender que a vontade autônoma seja livre a ponto de permitir que o cidadão disponha dos seus direitos de personalidade como bem entender. É preciso que se respeitem alguns limites para que isso possa se concretizar sem atentar contra a lei, moral, bons costumes (BORGES, 2005, p. 54). Daí a se aceitar uma total indisponibilidade desses bens vai uma distância grande.

Por isso é que se pode e se deve defender uma relativa disponibilidade desses bens. A disponibilidade relativa não é uma característica exclusiva dos direitos de personalidade. Alguns direitos materializados em bens econômicos também têm sua disponibilidade limitada, a exemplo das limitações impostas ao direito de testar, de dispor de propriedade se a estas a lei impõe a observância de normas de preservação do meio ambiente.

Essa relatividade, no entanto, apresenta caracteres diferentes quando se trata de direitos patrimoniais e de personalidade. A disponibilidade relativa de direitos patrimoniais se volta para proteger direitos alheios. Já a relativa disponibilidade dos direitos de personalidade se volta para a proteção e não descaracterização desse próprio direito. Pode-se dispor dos direitos de personalidade, evitando-se, contudo, que estes percam seu sentido, sua razão de ser.

Em outras palavras, do que se pode dispor não é a titularidade desses direitos de personalidade, mas o seu uso. Essa titularidade não se transfere, mas o seu uso pode ser cedido, ou, até mesmo, compartilhado. Roxana Borges cita o pensamento de Rosângelo Rodrigues de Miranda, que admite a disponibilidade dos bens que façam parte das esferas físicas, psíquicas e moral da pessoa, admitindo que o titular deste possa "[...] facultar a terceiros 'compartilhar com ele a fruição destes direitos'" (BORGES, 2005, p. 118). E a autora em análise faz a seguinte observação:

> A titularidade do direito não é objeto de transmissão. Ou seja: a imagem não se separa do seu titular original, assim como sua intimidade. A imagem continuará sendo daquele sujeito, sendo impossível juridicamente — e até fisicamente — sua transmissão a outrem ou, mesmo, sua renúncia. Mas expressões do uso de personalidade podem ser cedidas, de forma limitada, com especificações quanto à duração da cessão e quanto à finalidade do uso. (BORGES, 2005, p. 119-120)

Vale dizer: o uso dos direitos de personalidade pode ser objeto de disponibilidade para a realização de determinado negócio jurídico. Para tanto, basta que haja uma tolerância do titular desses direitos e um interesse deste em querer compartilhar esse uso. E, como adverte Roxana Borges, só o interessado pode dispor desse uso — mediante exercício de sua autonomia privada da vontade —, já que tais bens estão situados numa esfera em que nem ao Estado, nem à sociedade cabe interferir (BORGES, 2005, p. 132-133).

Dizer, ainda, que dispor do uso desse bem é atentar contra a dignidade da pessoa humana também é um erro, se se considerar o conceito aberto dessa garantia constitucional. Ninguém melhor do que o próprio titular para definir o que pensa e o que quer para si como materialização da sua dignidade.

Desse contexto não fogem nem a intimidade, nem a vida privada. Inúmeros são os casos de pessoas que hoje cedem o uso de sua intimidade e vida privada. Cresce a cada dia o número de situações em que se verifica a cessão do uso desses direitos. Que o digam os programas de televisão integrantes do gênero conhecido como *reality shows*, a exemplo dos nacionalmente conhecidos, como "Big Brother Brasil", "Casa dos Artistas", "Fama" etc.

Dentro dessas possibilidades, há de se separar as situações em que as pessoas cedem o uso desse direito a uma esfera reservada de pessoas ou o fazem a ponto de permitir uma total publicidade dos mesmos. Ambas as situações podem se mostrar lícitas, desde que respeitada a essência desses direitos, pois só assim se alcançará a disponibilidade relativa aqui defendida.

Defendida a possibilidade de cessão do uso desses direitos, resta verificar se isto é possível no ambiente de trabalho. Vale dizer: resta definir se na relação de emprego pode haver — e se efetivamente há — essa cessão.[4]

3.4. Do direito à intimidade e à vida privada nas relações de emprego

3.4.1. Da evolução das formas de trabalho e os avanços tecnológicos

São marcantes as mudanças pelas quais passou o trabalho. As alterações ocorridas nas relações de trabalho se fizeram sentir tanto pelos empregados quanto pelos empregadores.

O pensamento originário da Revolução Francesa influenciou de modo substancial as relações de trabalho em seu início. Afirmando a igualdade jurídico-política dos cidadãos, dito movimento revolucionário adotou o princípio do respeito absoluto à autonomia da vontade (liberdade contratual), cuja consequência foi a não intervenção do Estado nas relações contratuais (*laissez-faire*).

---

(4) Tudo isso analisando-se à luz da subordinação, do poder diretivo do empregador e sem perder de vista o princípio de proteção ao hipossuficiente — *vide* item 3.4.3.

Disseminou-se o uso das máquinas em larga escala, o que, ao invés de aumentar os salários e diminuir a carga de trabalho dos empregados, acarretou no fenômeno diametralmente oposto. Junto a isso cresceu o desemprego (SÜSSEKIND, 1999, p. 6).

Enquanto o Estado se manteve fora dessa seara, sacramentou-se o reinado daqueles que, possuindo o poder econômico, exploravam os trabalhadores que deles dependiam. Por isso, as relações de trabalho estiveram marcadas pelas condições de absoluta miséria que se impunha à classe operária, que era obrigada a desenvolver duradouras jornadas de trabalho em troca de parcos salários.

Como destacado em linhas anteriores, a Revolução Industrial polarizou as classes sociais, dividindo-as entre os detentores do poder econômico, a classe burguesa, e os trabalhadores. Entre elas, formou-se um enorme abismo a separar as condições e os modos de vida de cada um. Contudo, uma coisa era certa: essas duas classes dependiam uma da outra para sobreviver.

Essa confluência de interesses, que gerou uma dependência entre patrões e empregados, foi essencial para que se concebesse e se desenvolvesse o capitalismo. Neste enlace, a liberdade exerceu importante papel, pois sem ela não seria concebível que o trabalhador vendesse sua força trabalho em troca dos salários.

O salário, por sua vez, exerceu duplo e importante ofício no desenvolvimento do sistema capitalista, pois, na mesma medida em que dignificava o trabalhador, sendo "[...] uma forma de reapropriação da sua identidade como sujeito" (MARX, 1987, p. 169), permitiu que o próprio operário consumisse os bens produzidos e necessários à sua sobrevivência.

Muito embora convivam e permaneçam em constante embate, cada um buscando a satisfação dos seus interesses, o empresário e o trabalhador dependem um do outro; o patrão precisa do trabalhador para produzir os bens e os consumir, enquanto o trabalhador, além do salário, precisa do patrão para obter os produtos que precisa para sua sobrevivência (SIMÓN, 2000, p. 25).[5]

No entanto, maior do que a confluência de interesses, sem sombra de dúvidas, era a diferença entre as classes detentoras do meio de produção e a dos operários.

Fruto dessa realidade, a atuação legislativa estatal veio com o objetivo precípuo de dignificar ao máximo essas relações. Para tanto, procurou colocar num patamar de igualdade os patrões e empregados, de modo a permitir que esses mantivessem um convívio que se afigurasse socialmente harmônico. Tal anseio só foi obtido através de uma legislação protecionista, que privilegiou a figura do empregado, pois só assim se poderia, mesmo que hipoteticamente, equipará-lo ao empregador.

---

(5) A autora utiliza a expressão capitalista no lugar de empregador ou patrão.

Na classificação dos direitos ofertada por Paulo Bonavides, pode-se dizer que o direito do trabalho posicionou-se como sendo um direito social, ou de segunda geração. Isso porque, enquanto os chamados direitos individuais, ou de primeira geração, exigiam uma atitude de abstenção do Estado, privilegiando a subjetividade (BONAVIDES, 1996, p. 517), o direito do trabalho desejou e conclamou a intervenção estatal, de modo a que se buscasse diminuir o abismo que se formou entre a classe operária e a detentora do poder econômico e dos meios de produção.

Essa postura de direito de segunda geração assumida pelo ramo juslaboral mexeu no seu posicionamento dentro da clássica bipartição entre Direito Público e privado. Defendeu-se, como fez Cesarino Júnior, que o Direito do Trabalho, e seu cunho social, compunham um terceiro tipo (*tertium genus*), nem privado, nem público, mas social (*apud* GOTTSCHALK, 1995, p. 22). Esse posicionamento, é bom que se diga, sofreu severas críticas, na medida em que seus opositores não concebiam ramo do direito que não fosse social.

Enfim, o certo é que o direito do trabalho, como sendo de segunda geração, reclamou uma participação estatal ativa, também para possibilitar o desenvolvimento do ser humano, mas já para minimizar desigualdades, o que fez que se entrelaçassem o público e o privado (SIMÓN, 2000, p. 85).

Essa posição sofreu radical modificação fruto dos avanços e progressos pelos quais passou a humanidade. O sistema capitalista modificou-se, e o mundo vive a era dos desenfreados avanços tecnológicos em todos os segmentos. Esse movimento foi responsável pela eclosão dos direitos, que Bonavides (1996) chama como de terceira geração, os quais passaram a abarcar uma quantidade maior e menos determinada de pessoas. Esses direitos, hoje chamados difusos, surgiram com força em razão da precariedade dos direitos de segunda geração, pois a visão social, tão somente, não se mostrava capaz de proteger os que realmente careciam.

Transpondo as ideias dos avanços tecnológicos para a relação empregado e empregador, nota-se que esses avanços permitiram que o empregador pudesse exercer um controle minucioso e eficaz da atividade do empregado, controle este que normalmente ocorre dentro da propriedade empresarial, mas que pode, até mesmo, estender-se para além dessa fronteira (ROMITA, 2005, p. 189). Essa fiscalização pode se mostrar, muitas das vezes, como atentatória da vida particular do empregado.

Já se defendeu, em linhas anteriores, que o fato de o cidadão ser empregado não lhe retira a titularidade dos direitos fundamentais. Teve-se oportunidade de dizer, também, que o exercício desses direitos sofre as limitações naturais e outras decorrentes da celebração do contrato de emprego. O desafio está em se encontrar o ponto de equilíbrio entre essas situações, como detectado por Arion Romita que, ao mesmo tempo em que defende o respeito à vida particular do empregado, permite uma fiscalização previamente anunciada:

Cabe, porém, ao empregador a obrigação de respeitar a vida privada do trabalhador. Os princípios de confiança recíproca e de execução de boa-fé do contrato de trabalho impõem-lhe o dever de revelar ao empregado os meios de vigilância utilizados. (ROMITA, 2005, p. 189-190)

Lançado o desafio, parte-se, nos capítulos seguintes, para a análise dos direitos à intimidade e vida privada do empregado e as relativizações sofridas por estes em razão de os mesmos estarem sendo exercidos sem que se possa ignorar a existência da subordinação e do poder diretivo do empregador, fruto da celebração do contrato de emprego.

3.4.2. Do direito à intimidade e à vida privada do empregado

Por ser inerente à personalidade e, portanto, porque não se desgarra do seu titular, esteja ele em qualquer situação que a vida lhe imponha, é fácil concluir-se que os direitos à intimidade e vida privada acompanham o homem enquanto empregado de outrem.

A observância dos direitos da personalidade nas relações de emprego passou a ter um maior rigor na fiscalização. Neste rol estão inseridas a intimidade, a honra, a imagem e a vida privada, que, como se viu, acabaram sendo consagrados em sede constitucional, com a edição da Carta de 1988, pois foram erigidos ao *status* de Direitos e Garantias Fundamentais. Foi inevitável, ainda, a associação destes direitos a dois dos chamados princípios fundamentais da Carta Magna de 1988, quais sejam, a dignidade da pessoa humana e os valores sociais do trabalho e da livre-iniciativa (art. 1º, III e IV, CF/1988).

Não se pode ignorar, e já se falou sobre isso, que todo cidadão goza de uma vida privada e, também, de uma vida pública. A vida pública é aquela que se desenvolve necessariamente na presença do público (ROMITA, 2005, p. 193), dentro de um contexto social mais amplo do que aquela esfera mais reservada, a qual, por sua vez, e em oposição, constitui-se na esfera privada. A atividade profissional, no dizer de Arion Romita, é parte da vida pública, pois:

> Implica relações com outras pessoas, como colegas, chefes, empregados, clientes, etc. Em face da vida profissional, a vida privada se retrai. Na vida profissional, a pessoa não desfruta o mesmo recato nem a mesma liberdade que desfruta em sua vida privada. (ROMITA, 2005, p. 193)

Só essa noção já demonstra que a vida privada, e mesmo a esfera mais íntima do empregado, esbarram no fato de este estar num ambiente em que muitas pessoas o rodeiam. Mais do que isso, trata-se de local em que todas as pessoas envolvidas estão, a todo instante, interagindo, até mesmo para que haja pleno desenvolvimento da atividade ali realizada.

É certo, também, que mesmo nesses ambientes devem ser respeitadas determinadas peculiaridades próprias da intimidade das pessoas que ali estão. Não se pode admitir, por exemplo, que traços da vida íntima do empregado sejam revelados, se tais elementos em nada contribuem para o pleno desenvolvimento da atividade empresarial. Do mesmo modo, determinados aspectos podem e devem ser revelados para manter hígida a atividade empresarial, tudo isso em nome do compromisso assumido pelo empregado quando da celebração do contrato de emprego.

Este é o traço peculiar da intimidade e da vida privada do empregado, que a despeito de acompanhá-lo no ambiente de trabalho, sofre as limitações impostas pelas circunstâncias que envolvem o contrato de emprego.

O mesmo ocorre em outras situações da vida. A todo instante, as pessoas são submetidas a atitudes invasoras das suas intimidades. Ocorre, por exemplo, nos aeroportos, nos supermercados, nas entradas de inúmeros eventos festivos, nos ingressos em casas noturnas, estádios de futebol, no acesso a repartições públicas etc. Essas situações não causam tanta indignação em alguns, ao contrário do que ocorre quando se está diante da relação patrão e empregado.

A grita geral quando se trata de atitudes que invadem a intimidade e a vida privada do empregado fundamenta-se no motivo para a realização desses mecanismos de controle. As pessoas só enxergam essas atitudes como um meio de o empregador preservar o seu patrimônio, em busca de continuar a auferir seus volumosos e significativos lucros, ainda que, para isso, ignore por completo os direitos fundamentais dos seus empregados.

Não se quer aqui defender uma situação de total permissividade das atitudes invasoras da intimidade e vida privada do empregado. O que se pretende é mostrar que a manutenção do ente empresarial envolve uma série de direitos, todos fundamentais, de empregados e empregadores. O que se pretende é demonstrar que a sobrevivência da empresa se coaduna com os princípios fundamentais da nossa República, com a ordem econômica constitucional e com os pilares de sustentação do Estado Democrático de Direito. Portanto, se para isso for preciso que haja uma relativização da intimidade e vida privada do empregado, esta mostra-se justificada e, portanto, a sua defesa incondicional, nesses casos, consubstancia-se em exercício abusivo desse direito. Esta limitação será explicada no item a seguir.

3.4.3. Intimidade e vida privada do empregado diante da subordinação e do poder diretivo do empregador — Disponibilidade

Já se abordou de modo exaustivo a importância da subordinação e do poder diretivo do empregador para a existência do próprio contrato de emprego. Não se pretende aqui repetir tais ideias. O que se deve fazer nesse momento é a conexão entre a subordinação e o poder diretivo e os direitos à intimidade e vida privada do empregado. Para tanto, é importante enaltecer-se as noções colocadas acerca da possibilidade de disposição do uso desses direitos.

Os direitos da personalidade, já se viu, não podem ser exercidos de modo ilimitado. Alguns defendem que se trata de direitos absolutos, porque oponíveis contra todos, mas não ilimitados (SIMÓN, 2000, p. 80). Mesmo o direito à intimidade sofre limitações, como defende Santos Cifuentes, citado por Sandra Lia Simón: "[...] o direito à intimidade é o direito personalíssimo que permite subtrair a pessoa da publicidade ou de outras turbações, da vida privada, o qual está limitado pelas necessidades sociais e interesses públicos" (SIMÓN, 2000, p. 80).

Como referido em linhas anteriores, em dadas situações da vida, o homem cede o uso do seu direito à intimidade e vida privada. Na relação de emprego, essa situação também se configura. Diz-se isso porque, quando da celebração do contrato de emprego, o empregado aceita submeter-se ao estado de subordinação e ao poder diretivo do empregador. Sem essas figuras, já se viu, sequer se pode falar em contrato de emprego.

O empregado cede o uso da sua intimidade e vida privada ao seu empregador no ato da sua contratação. A cessão, vale frisar, é do uso e em dadas oportunidades, pois já se viu que esse direito não pode ser transferido, já que inerente ao ser humano. A solidez e segurança que o contrato de emprego traz ao empregado, que se materializam, dentre outras coisas, na obrigação remuneratória ampla do empregador, já abordada acima, justifica essa cessão. Melhor dizendo, motivam o empregado a concordar com a cessão temporária desse direito em determinadas situações.[6]

Não se está a defender uma coletivização da esfera individual do empregado. O empregado não cede, transmite ou renuncia sua intimidade e vida privada. Ele dispõe do uso desses direitos, compartilhando-os com o ente empresarial, em prol da manutenção e preservação deste, preservação esta que implica a manutenção de uma série de direitos e garantias constitucionais, dos mais variados titulares, como será melhor explicado adiante.

O empregado anuiu com essa possibilidade na medida em que celebrou o contrato de emprego. Nesse instante, concordou em dispor, relativamente, do uso desses direitos. Deixa de utilizar-se sozinho de sua intimidade e vida privada, para compartilhá-la quando isso se mostrar essencial para a preservação da entidade empresarial.

O importante a se dizer é que a autorização para uso desses direitos por terceiros, além de não implicar sua transferência, não o descaracteriza como integrante da categoria dos direitos da personalidade (BORGES, 2005, p. 120).

Essa ideia de cessão temporária do uso em dadas oportunidades afina-se com a noção de que tais direitos não são ilimitados. Viu-se acima que o interesse

---

[6] Um esclarecimento fez-se necessário: a ideia pregada neste parágrafo em nada se coaduna com a insana possibilidade de admitir-se a existência de um preço para a intimidade alheia. O que se quer defender é a possibilidade de cessão do seu uso, em nome do compromisso assumido com a celebração do contrato de emprego. E mais: esse compromisso assumido mostra-se vantajoso para quem é contratado, diante das variadas razões já apresentadas e adiante ratificadas e acrescidas por outros fundamentos.

social justifica a limitação ao exercício desses direitos. O interesse social que reveste a necessidade de manutenção da empresa é mais bem explicado no item 4.8 deste livro, o que justifica a limitação desses direitos e, por conseguinte, possibilita que o uso deles possa circular, possa ser cedido por vontade do seu titular. Isso implicará a efetivação da compatibilidade entre os direitos fundamentais dos empregados e a organização empresarial, ideia defendida em diversas passagens desta obra, principalmente no capítulo 4 e subitens.

A cessão do uso da intimidade e da vida privada do empregado será essencial em determinadas situações em que a defesa do patrimônio empresarial e, portanto, a defesa da manutenção da empresa, demande a adoção de medidas de controle, como, por exemplo, as revistas pessoais, as revistas em pertences dos empregados e o monitoramento de correios eletrônicos.

A ideia central a ser defendida é a de que essa cessão do uso coincide com o ato jurídico da celebração do contrato. O empregado que celebra o contrato e anui com a cessão temporária do uso desses direitos, não poderá, a pretexto de exercer esses mesmos direitos, recusar-se a se submeter a esses mecanismos que se voltem para a defesa do patrimônio empresarial, quando estes se mostram essenciais a essa defesa ou quando se mostrem como o único recurso possível de ser utilizado. Nesse sentido posiciona-se Arion Romita:

> Força é convir que a autoridade da empresa se impõe como pressuposto da relação contratual que vincula empresário e trabalhador, já que a subordinação deste àquele é aceita pelo próprio empregado ao celebrar o contrato de trabalho. (ROMITA, 2005, p. 198)

Aqui, cabe relembrar o rol de deveres laterais que surge quando da celebração do contrato de trabalho, fruto da boa-fé objetiva que norteia esse ato jurídico. O empregado assume o dever de cuidado, previdência, proteção e segurança com a pessoa e o patrimônio da contraparte. Assume, ainda, o dever de colaboração, que implica cooperar exercendo suas atribuições com diligência, assiduidade e probidade, respeitando as ordens e as normas empresariais, além de ter de zelar pelo patrimônio da empresa nos limites da sua responsabilidade (BARACAT, 2003, p. 254-255).

Arion Romita explicita o sistema espanhol de fixação dos direitos fundamentais dos empregados. Tal ordenamento em muito assemelha-se com o sistema brasileiro. Há direitos previstos constitucionalmente, outros em legislação infraconstitucional. Há direitos específicos dos trabalhadores e alguns genéricos, mas a eles aplicáveis. A jurisprudência, do mesmo modo, tem o papel de complementar esses direitos (ROMITA, 2005, p. 219-221). E é dessa jurisprudência, referida pelo autor citado, que se extrai a noção aqui defendida, a qual pode ser transportada para a realidade do Brasil:

> A proteção dos direitos fundamentais no âmbito da relação de trabalho é complementada, na Espanha, pela jurisprudência do Tribunal

Constitucional, segundo a qual, o exercício de tais direitos mantém efetividade na execução do contrato de trabalho (que não pode privar de tais direitos aqueles que prestam serviços nas organizações produtivas, que não são alheias aos princípios e direitos constitucionais), advertindo, porém, que ele deve ser compatível com as exigências da boa-fé, cuja vulneração converte em ilícito ou abusivo o exercício de tais direitos. (ROMITA, 2005, p. 221)

Vê-se aqui, com nitidez, que os limites impostos ao exercício desses direitos decorrem, não só das nuances do contrato de emprego, mas também diante do interesse social que a organização produtiva traz consigo.

Não bastasse o interesse social, em determinados casos, a empresa lida com certas mercadorias que implicam risco para toda uma coletividade. Tome-se como exemplo as empresas que fabricam artefatos explosivos, substâncias químicas, tóxicas, inflamáveis, material com alto risco de contaminação. Nesses casos, o exercício desses direitos, com o fito de impedir a atuação diretiva empresarial, será, do mesmo modo, ilegítimo, impondo limitações, agora não mais por interesse social, mas por interesse público. Essas situações, a despeito de escapar levemente do tema aqui abordado, corroboram as ideias ora defendidas e servem, ao menos, para tentativa de convencimento daqueles que ainda concebem um caráter absoluto dessas garantias.

Definidas as noções de intimidade e vida privada, além das peculiaridades que envolvem esses direitos, quando seu titular é o empregado, cabe expor, no capítulo seguinte, o direito à propriedade do empregador, colocando à mostra as suas particularidades, tudo de modo a justificar as ideias já defendidas anteriormente.

4.

DO DIREITO DE PROPRIEDADE DO EMPREGADOR — FUNÇÃO SOCIAL

4.1. Introdução

O instituto da propriedade sempre despertou enorme interesse por parte do homem. Tal fato decorre do relevo dado a esse direito, seja pelos operadores dessa ciência, seja pelo cidadão que não pertence à comunidade jurídica.

Quando se fala em direito subjetivo, muitas ideias florescem no pensamento humano. Quando esse direito traz consigo caracteres reais e quando se pensa na relação do homem com a coisa, a primeira noção que vem à mente é a de propriedade. Isso porque o direito de propriedade é um dos que melhor definem a própria figura do direito em si. Mesmo para o leigo, o direito de propriedade é um dos que melhor lhe permitem enxergar uma situação palpável de direito subjetivo. No dizer de Caio Mário em relação à propriedade, "[...] não é apenas o homem do direito ou *business man* que a percebe. Os menos cultivados, os espíritos mais rudes, e até as crianças têm dela a noção inata, defendem a relação jurídica dominial, resistem ao desapossamento, combatem o ladrão" (PEREIRA, 1999, p. 66).

A noção de propriedade sujeitou-se a profundas mudanças ao longo da história da humanidade. Tais alterações variaram de acordo com o momento histórico em que a ideia de propriedade era apreendida. Pode-se dizer que os acontecimentos econômicos, políticos e sociais foram os responsáveis por essa oscilação.

Esse quadro de mudança redundou na noção de função social da propriedade, rompendo com o paradigma absolutista desse direito.

O objetivo deste capítulo é apresentar, em singelas e breves palavras, as noções que conceberam a propriedade, passando por sua natureza jurídica, pela sua evolução histórica, que se configurou em verdadeira revolução, até chegar à ideia de função social da propriedade, demonstrando que mesmo essa vertente já sofreu alterações. A análise passará, ainda, pela descrição da ordem constitucional vigente, até chegar à codificação de 2002.

4.2. Natureza jurídica da propriedade

A análise da propriedade e sua função social acabou por colocar em segundo plano a necessidade de apreensão da sua natureza jurídica. Essa afirmação se deve às mudanças por que passou esse direito, fato que, contudo, não foi capaz de alterar sua substância.

Ainda assim, convém se referir, ainda que brevemente, às teorias que tentaram explicar o fenômeno da propriedade e sua ligação com o destinatário final deste direito, o homem.

A propriedade é, indiscutivelmente, um direito subjetivo. O problema situou-se em definir uma teoria que pudesse explicar o surgimento desse direito. Washington de Barros Monteiro cita Grócio para tentar justificar a propriedade na teoria da ocupação, ou seja, a propriedade é determinada pela apropriação dos bens ainda não apropriados por ninguém. Essa teoria não se sustentou diante da crítica de que a ocupação não justifica o domínio, pois este só se configura com o auxílio de um sistema normativo que o legitime (MONTEIRO, 1987, p. 82-83).

Essa noção de necessidade de legitimação via sistema jurídico fez que surgisse uma outra teoria na tentativa de atribuir fundamento jurídico à propriedade. Defenderam Montesquieu, Hobbes, Benjamin Constant, dentre outros, que a lei é que determina a propriedade. Dita teoria sofreu o ataque daqueles que não concebiam que a propriedade dependesse da vontade do legislador (MONTEIRO, 1987, p. 83).

Surgiu, assim, a teoria da especificação, através da qual se defendeu que o trabalho é que fazia surgir a propriedade, pois este é o único meio criador de bens. Esse pensamento foi defendido por economistas do porte de Locke, Guyot, Mac Culloch. A essa teoria se contrapôs, com sólido argumento, Planiol, que enfatizou que o trabalho resulta em salário, não em bens ou qualquer outro objeto que ele venha a produzir (MONTEIRO, 1987, p. 83).

A teoria que melhor explicou a criação da propriedade em si foi a da natureza humana. Vale dizer: o que leva o homem a se apropriar de algo nada mais é do que o seu instinto, a busca por saciar suas necessidades básicas. Locke, citado por Orlando Gomes, elevou o direito de propriedade ao nível do direito à vida e à liberdade, chegando a afirmar que: "[...] a propriedade privada é um atributo natural da condição humana, influindo decisivamente em sua 'história conceitual'"(GOMES, 1986, p. 99).

Por isso mesmo que juristas de nomeada afirmam, não sem razão, que "[...] negar a propriedade individual é negar a própria natureza humana" (VENOSA, 2003, p. 159).

Outra assertiva que não se pode negar, e que adiante se pretende confirmar, é que esse direito de propriedade é multifacetário e, a depender dos bens que estejam envolvidos, pode ele se apresentar das mais variadas formas.

4.3. A (r)evolução histórica da propriedade

Como antecipado em linhas anteriores, a noção de propriedade submeteu-se a profundas mudanças ao longo da história. Por ter atingido extremos quase que opostos, neste capítulo há de ser enfatizado que a ideia de propriedade sujeitou-se a verdadeira revolução.

No início da civilização, a propriedade se resumia aos bens móveis e úteis para a época, a exemplo dos objetos pessoais, os utensílios de caça e pesca, as peças de vestuário etc. O solo pertencia a todos, pelo que seu uso era dividido por toda a tribo. O mesmo ocorria com a criação de animais. O desapego ao solo era facilmente explicado, o homem buscava nele suas necessidades. Na medida em que os recursos se tornavam escassos, o homem migrava em busca de outras terras de onde pudesse extrair seu sustento. Resguardados os direitos sobre bens móveis, pode-se dizer que esse período foi marcado pela utilização coletiva da propriedade.

O período romano ainda trouxe a vigente ideia de propriedade coletiva. De início prevaleciam a propriedade da cidade (*gens*) e, logo em seguida, a da família. Essa limitação já acenava com a tendência de se individualizar a propriedade. E, ainda na era romana, nasceu a propriedade privada, tendo esta surgido através das etapas precisamente definidas por Hahnemann Guimarães, citado por Maria Helena Diniz:

> 1º) propriedade individual sobre os objetos necessários à existência de cada um; 2º) propriedade individual sobre os bens de uso particular, suscetíveis de serem trocados com outras pessoas; 3º) propriedade dos meios de trabalho e de produção; 4º) propriedade individual nos moldes capitalistas, ou seja, seu dono pode explorá-lo de modo absoluto. (DINIZ, 2002, p. 100)

Para Venosa, a concepção pura de propriedade individual romana surgiu com a Lei das XII Tábuas, a qual foi responsável por projetar as noções jurídicas que marcaram esse direito, ou seja, o *ius utendi, fruendi et abutendi*. Só assim se concebeu, de forma absoluta, o domínio sobre a terra (VENOSA, 2003, p. 152).

A Idade Média mostrou-se importante para a noção de propriedade, na medida em que valorizou sobremaneira esse direito, a ponto de atribuir poder e soberania àqueles que gozassem desse privilégio. Foi nessa época que surgiram os feudos, aprofundando-se as diferenças sociais e econômicas entre os detentores das terras e os vassalos.

Só com a Revolução Francesa, em 1789, é que desaparecem os feudos e se ressuscita a ideia absolutista criada pela era romana. Ganha relevo a concepção individualista dos direitos, o que, no que se refere à propriedade, ficou claramente exposto no Código de Napoleão[1].

---

(1) Art. 544. A propriedade é o direito de gozar e dispor das coisas do modo mais absoluto, desde que não se faça uso proibido pelas leis ou regulamentos.

Essa magnífica criação normativa do século XVIII influenciou boa parte dos diplomas legais civis ocidentais. O direito brasileiro não fugiu à regra. Com isso, concebeu-se a ideia de propriedade com feição absolutista e individual.

Essa ideia prevalecente acabou redundando nos casos de exercício abusivo de direitos, o que já foi abordado com minúcias no capítulo 1. Relembra-se, porque relevante, que a jurisprudência teve um importante papel no sentido de harmonizar o usufruto desse direito subjetivo, iniciando o processo de mudança da sua feição. Afirma-se que foi ela a responsável por iniciar seu processo de humanização, ou, como restou consagrado, de socialização.

Mesmo assim, em sede positivista, permaneceu arraigada a noção absoluta de direito de propriedade, o que só veio a perder força no século XIX, com o advento da Revolução Industrial. A partir desse instante, pode-se dizer que se buscou um sentido social para a propriedade (VENOSA, 2003, p. 153).

A busca desse sentido social fez surgir a ideia da propriedade com função social. A propriedade individual hoje vigente, como adiante se verá com mais vagar, desgarra-se da sua concepção clássica-histórica. É certo que se reconhece ao proprietário o domínio sobre a coisa. É não menos certo que o domínio enfeixa os mesmos atributos clássicos do uso, gozo, disposição e reivindicação. Contudo, não se pode negar que as transformações sociopolítico-econômicas impuseram restrições e limites a esse direito, o que alterou sensivelmente a noção de propriedade.

E é essa viagem do caráter absoluto e individual à harmonização com o social e o coletivo que leva a se defender que a noção de propriedade foi alvo de verdadeira revolução, que tomou de assalto, não só o seu conceito, como também as prerrogativas que dela decorrem.

4.4. Da função social atrelada à função econômica — Noção superada

Antes de adentrar a noção vigente de função social da propriedade, é importante demonstrar o esforço operado pelos doutrinadores para fazer compreender esse novo paradigma do direito real por excelência.

A construção doutrinária de Orlando Gomes (1986) é essencial para que se possa compreender o que se entendia por função social da propriedade e o que acabou prevalecendo.

O civilista baiano foi um dos autores do anteprojeto do Código Civil, apresentado ao governo na década de 1960, com intuito de adaptar o então defasado diploma de 1916. Ao abordar a questão da propriedade, o eminente civilista sugeriu a seguinte redação para o instituto da propriedade:

> A propriedade, quando exercida sob forma de empresa, deve conformar-se às exigências do bem comum, sujeitando-se às disposições legais que

limitam seu conteúdo, lhe impõem obrigações e lhe reprimem abusos (art. 363 do anteprojeto do Código Civil apresentado em 31 de março de 1963). (GOMES, 1986, p. 95)

Entendia Orlando Gomes que a ideia exposta apenas traduzia, na lei, a noção de função social da propriedade (GOMES, 1986, p. 95). O eminente jurista baiano esclareceu que:

> A referência ao exercício da propriedade sob a forma de empresa deve ser entendida na acepção mais ampla dessa palavra, para abranger a exploração rural. A propriedade cujo exercício tem que se conformar às exigências do bem comum é, em última análise, a que recai em bens de produção, a que tem por objeto bens de destinação econômica subordinada a fim lucrativo. A propriedade de tais bens passou a ser exercida sob a forma de empresa. A evolução da economia relegou a segundo plano, sob a perspectiva social, a atividade de gozo do proprietário, comparada à atividade produtiva do empresário, conforme Nicoló assinala. Necessário, assim, que o legislador contemporâneo atente para esse aspecto da evolução econômica, o qual repercute na disciplina jurídica do instituto. Justamente porque o direito de propriedade dos bens de produção passa a ser exercido predominantemente sob a forma de empresa, através da qual as virtualidades desse direito adquirem nova dimensão, impõe-se a consciência dos juristas a convicção de que o exercício do poder sobre os bens produtivos deve subordinar-se aos interesses da coletividade (trecho da Memória Justificativa, entregue ao então Ministro da Justiça, João Mangabeira). (GOMES, 1986, p. 96)

Defendia, assim, que, a partir do instante em que a propriedade passou a conferir ao seu titular poder sobre outros homens e sobre as coisas, precisou-se frear o seu ímpeto, impondo-se aos detentores desse direito uma visão social quando do seu exercício (GOMES, 1965, p. 12-13).

Para explicar essa noção, procedeu-se à dissociação entre a propriedade e a gestão. Essa fratura proposta tem como pano de fundo a classificação adotada pelo vienense Menger, para quem os bens se dividem de acordo com a sua função econômica, classificando-os em bens de consumo (aqueles de interesse e utilidade individual) e bens de produção (de interesse e utilidade coletiva e social) (GOMES, 1986).

O jurista italiano Barassi, em *La proprietá* (apud GOMES, 1986, p. 87),

> [...] indica entre os pressupostos da função instrumental da propriedade a incidência do direito em bens destinados a uma gestão econômica, que distinguiu dos bens de consumo individual por terem uma destinação que transpõe o limite do indivíduo e de algum modo interessam à coletividade.

Orlando Gomes ainda cita Giovanni Coco para referir que os bens que servem à destinação produtiva têm um significado social e uma função econômica que não podem ser desprezados, até porque seu exercício é contínuo e prolongado. Com isso, ensejam um tratamento diferenciado dos bens de consumo, que se exaurem quando da sua fruição (GOMES, 1986, p. 87).

O dito processo se deveu, sem dúvida, à intensa transformação por que passou a realidade econômica. Antes, o empresário geria sozinho seu próprio negócio, assumindo toda a responsabilidade por ele. Hoje, o detentor dos meios de produção pratica a atividade industrial ou comercial em massa, o que redundou no agigantamento das empresas.

Essa mudança, no entender de Orlando Gomes (1986), metamorfoseou o instituto da propriedade, modificando a natureza desse direito, na medida em que impôs a fratura entre a titularidade do direito do proprietário-empresário e o exercício desse direito. A esse direito foram associados deveres, impostos por forças externas, o que se mostrou necessário para o alcance da função social perseguida.

Como conclusão desse pensamento, concebeu-se uma noção de função social da propriedade limitada à titularidade dos bens de produção. Neste sentido pronunciou-se o referido civilista:

> É unicamente quanto à propriedade desses bens, exercida sob a forma de empresa, que se advoga a necessidade de utilizá-la em harmonia com o interesse social, sujeita, portanto, a limites, ônus e obrigações, sem que, todavia, se precise aceitar a ideia de que passou a ser uma função social, porque, em verdade, o proprietário não chega a ser um órgão de atuação do interesse público, e o empresário não é um funcionário do Estado. As limitações se justificam porque a propriedade, ou controle da empresa, atribui aos titulares do direito, ou aos gestores, considerável soma de poderes. (GOMES, 1986, p. 87)

E arremata dizendo que:

> As outras modalidades, inclusive a propriedade sujeita a limitações por motivos ecológicos ou urbanísticos, ou a propriedade cultural, hão de ter regime próprio, distinto de regime da propriedade produtiva, tendo outra *ratio* — afastada a ideia de função social. (GOMES, 1986, p. 102)

O pensamento do mestre Orlando Gomes é compartilhado, atualmente, por Eros Grau, para quem "[...] o princípio da função social da propriedade impõe ao proprietário — ou a quem detém o poder de controle na empresa — o dever de exercê-lo em benefício de outrem e não, apenas, de não exercer em prejuízo de outrem" (GRAU, 1997, p. 254). O Ministro Eros Grau arremata dizendo que:

> Isso significa que a função social da propriedade atua como fonte de inspiração de comportamentos positivos — prestação de fazer, portanto, e não, meramente, de não fazer — ao detentor do poder que deflui da propriedade. (GRAU, 1997, p. 255)

A conclusão a que se chega é que o primeiro pensamento lançado em busca de se criar uma lei prevendo a função social da propriedade vinculou essa noção unicamente à propriedade dos bens de produção. Não é essa, contudo, a visão que acabou prevalecendo, como adiante se verificará, a despeito da inquestionável qualidade e mérito dos atuais defensores dessa linha.

4.5. Concepção moderna do pensar social no direito de propriedade

Pode-se dizer, em última análise, que esse entrelaçamento entre a função social da propriedade e os bens de produção foi o ponto de partida, o que germinou a necessidade de adequação da noção de propriedade em nosso direito civil. No entanto, a noção de função social é bem mais abrangente do que aquele que vinha sendo sugerida. Nela se insere, como se verá, não só a titularidade dos bens de produção, como também a propriedade daqueles bens desatrelados da atividade econômica.

Pensa-se, hoje, num conceito social macro, fundado em um dos objetivos fundamentais da nossa República (art. 3°, I da CF/1988), o da busca por uma sociedade livre, justa e solidária, e que, portanto, abrange todo e qualquer tipo de direito de propriedade. O exercício analítico que se faz para chegar a esse modo de pensar enseja, de início, o abandono da ideia de que os bens que não sejam de produção se exaurem na sua fruição.

O exercício do direito de propriedade do bem imóvel sem destinação econômica é, do mesmo modo, continuado, e pode, perfeitamente, interferir na coletividade, o que também demanda um pensar social.

O desenvolvimento econômico, político e social, a despeito de manter a bipartição entre bens de produção e bens de consumo ou uso, alterou sensivelmente a noção em derredor desses últimos. Os bens de consumo, malgrado sirvam à satisfação individual do homem, podem interferir, como de fato interferem, na coletividade. A ideia de Giovanni Coco, de que os bens de consumo se exaurem com o seu uso, precisa ser substituída por aquilo que o referido autor definiu como uma "trajetória sem fim". Ocorre que Giovanni Coco só fez essa menção aos bens de produção, o que, já se viu, se aplica também aos bens ditos de uso (*apud* GOMES, 1986, p. 87).

Neste sentido defende Celso Antonio Bandeira de Mello:

> À expressão "função social da propriedade" pode-se também atribuir outro conteúdo, vinculado a objetivos de Justiça Social; vale dizer, comprometido com o projeto de uma sociedade mais igualitária, menos desequilibrada — como é o caso do Brasil — no qual o acesso à propriedade e o uso dela sejam orientados no sentido de proporcionar ampliação de oportunidades a todos os cidadãos independentemente da utilização produtiva que por ventura já esteja tendo. (MELLO, 1987, p. 44)

Fixados os paradigmas prevalecentes da noção atual de função social da propriedade, é preciso enaltecer-se a ideia de função social que acabou prevalecendo, fato que terminou influenciando diretamente nossa atual codificação.

4.6. Ideia prevalecente de função social da propriedade

Como referido no capítulo anterior, a ideia de função social da propriedade que acabou prevalecendo alargou a noção do termo social. O que antes se pensava como uma limitação aos titulares dos bens de produção, hoje admite-se como inerente ao direito de propriedade em si e como um todo.

Imbuído por esse espírito, o legislador do Código Civil de 2002 fixou seus parâmetros do seguinte modo:

> Art. 1.228. O proprietário tem a faculdade de usar, gozar e dispor da coisa, e o direito de reavê-la do poder de quem quer que injustamente a possua ou detenha.
>
> § 1º O direito de propriedade deve ser exercido em consonância com as suas finalidades econômicas e sociais e de modo que sejam preservados, de conformidade com o estabelecido em lei especial, a flora, a fauna, as belezas naturais, o equilíbrio ecológico e o patrimônio histórico e artístico, bem como evitada a poluição do ar e das águas. (BRASIL, 2003, p. 421)

Ou seja, nos termos do § 1º do art. 1.228 do novel Código Civil, o direito de propriedade deve ser exercido com observância às suas finalidades econômicas e sociais. Por isso que até mesmo os titulares de bens que não sejam de produção devem observar essa regra. De acordo com a função social, são defesos ao titular aqueles atos que não lhe tragam qualquer utilidade ou proveito e, ainda, aqueles que sejam animados pela intenção de lesar outrem. Além disso, a utilização do bem deve atentar para a preservação do meio ambiente como um todo (BELMONTE, 2004, p. 57).

Para se conseguir compreender o alargamento dessa noção, há que se socorrer, tal como fizeram os adeptos da ideia restritiva, do elemento *poder* que emana das propriedades. Em uma sociedade desigual como a nossa, o tão só fato de ser detentor de uma propriedade, seja ela de produção ou não, já diferencia o titular desses direitos dos demais. Ou seja, o poder é inerente à figura do proprietário, tenha ele bens de produção ou de uso/consumo. Tudo isso se deve ao fato de esse direito (poder) ser oponível *erga omnes*. Neste sentido enfatiza Humberto Theodoro Jr.:

> O direito real (e em grau máximo o direito real de propriedade) traduz-se internamente num poder de soberania (uma dominação) do titular sobre a coisa, que externamente se manifesta por meio da oponibilidade *erga omnes*. Desta maneira, o direito real estabelece uma relação intersubjetiva entre o titular, de um lado, e todas as demais pessoas, do outro. Há inegável relação social envolvendo necessariamente esse tipo de direito, pois sobre toda a sociedade recai um dever geral de abstenção. (THEODORO JÚNIOR, 2003, p. 79)

Outra conclusão a que se chega com o art. 1.228, e que já se havia relatado linhas atrás, é que a função social da propriedade deriva da teoria do abuso do direito. Nestes termos, o exercício da propriedade em desacordo com as finalidades econômicas e sociais configura-se como atentatório da ordem jurídica vigente e, portanto, abusivo. Para alguns, dito exercício seria modalidade de ato ilícito (THEODORO JÚNIOR, 2003, p. 81).

Essa noção, porém, não se esgota na teoria do abuso do direito. O art. 1.228 retrata a realidade exposta pela Carta Magna vigente, que, como se verá a seguir, consagra a função social da propriedade com essa noção mais elástica. A concepção trazida pelo Código afasta aquele individualismo histórico, e não somente busca coibir o exercício abusivo desse direito, mas também busca sua inserção no contexto de utilização para o bem comum (VENOSA, 2003, p. 156). Significa dizer que o mau uso e, por vezes, o não uso da propriedade implicam atentado à sua função social.

Isso fica ainda mais claro com a leitura do polêmico § 4º do art. 1.228, que pune o proprietário inerte. Para Venosa "[...] bem não utilizado ou mal utilizado é constante motivo de inquietação social" (VENOSA, 2003, p. 154).

A Constituição de Weimar de 1919 adotou essa principiologia da propriedade que emana poder. O legislador alemão se valeu do princípio de que "a propriedade obriga" (*Eigentum verpfichter*) para conceber sua diretriz de "função social da propriedade" (*Gebrauch nach Gemeinem Besten*) (NERY JÚNIOR; NERY, 2002, p. 418).

O certo é que a função social da propriedade expressa a necessidade de convivência entre as esferas individual e coletiva, privada e pública. Por isso mesmo, a propriedade não mais gira em torno, apenas, dos interesses individuais do seu titular. Essa tendência ora é chamada de "humanização", ora de "paternalismo" do direito moderno (COLIN; CAPITANT), ora de "relativismo" do direito (JOSSERAND), ora se fala em "publicização" do direito de propriedade (SAVATIER) (PEREIRA, 1999, p. 62).

A verdade é que "[...] quanto mais avança o conceito de solidariedade social, tanto maiores são as restrições e os vínculos a que, no interesse geral e para a utilização social da riqueza a propriedade está sujeita" (RUGGIERO, 1999, p. 461).

Importante é dizer, ainda, que todas essas mudanças na noção de propriedade não são capazes de alterar sua substância, a despeito de modificar sensivelmente sua estrutura. José Afonso da Silva, citado por Sandra Lia Simón, defende que houve

> [...] uma sensível evolução do direito de propriedade, que de simples relação entre um indivíduo e a coletividade (que tinha o dever de respeitá-lo) passou ao patamar atual, de direito complexo, regulamentado não só por normas de direito privado, senão também de direito público em virtude da forte carga social que sustenta. (SIMÓN, 2000, p. 115)

Carlos Ari Sundfeld, também citado por Sandra Lia Simón, ao analisar essa nova faceta do direito de propriedade, entende que:

> [...] seu reflexo há de se fazer sentir sobre toda ordenação econômica do país, já que feito princípio fundamental dela e, assim, sobre as múltiplas propriedades conhecidas: a pública, a privada, a dos bens de consumo, a dos bens de produção, a agrícola, a industrial, a urbana, a rural, a das marcas de indústria e comércio, a literária, a artística, a científica. É evidente, contudo, que o reflexo será muito diverso em cada uma delas, que, afinal, pouco têm em comum. Não existe, e isto é certo, uma única instituição da propriedade, mas várias e muito diferenciadas, seja por sua regulamentação, seja pela importância dos bens sobre os quais incidem, aspectos um e outro intimamente relacionados. (SIMÓN, 2000, p. 116)

Com essas palavras, conclui-se que a concepção moderna da função social da propriedade não restringe a observância desse viés pelos titulares dos bens de produção. Em verdade, a propriedade, multifacetária por excelência, tem a noção de função social presente em todas as suas formas, mas cada uma delas se mostra de maneira distinta e própria.

4.7. Função social da propriedade em nosso ordenamento jurídico

O Código Civil de 1916 não trazia embutida a ideia de função social da propriedade. Isso se explica pelo momento histórico da sua edição, quando o absolutismo dos direitos individuais, importado do direito francês, era a palavra de ordem.

Poder-se-ia imaginar que, pelo fato de o nosso antigo diploma civil trazer as regras limitativas vinculadas ao direito de vizinhança, já estaria ele, indiretamente, consagrando a função social da propriedade. Tal argumento não se sustenta, pois o Código de 1916, quando protegia os direitos de vizinhança, o fazia com intuito de defender, também, o direito de propriedade destes.

Por conta disso, afirma-se que o legislador brasileiro inseriu esse contexto, pela primeira vez, na Carta Política de 1946, quando no art. 147 fez constar a subordinação do uso da propriedade ao bem-estar social. Esse princípio, tal como colocado, se manteve nas Constituições de 1967 (art. 157) e na Reforma de 1969 (art. 160) (PEREIRA, 1999, p. 63).

A norma, como se pode verificar, tinha seu conteúdo nitidamente programático, mas, por estar inserida em texto constitucional, passou a influenciar servindo como fonte auxiliar de interpretação.

A Constituição de 1988 apresentou-se mais explícita no que diz respeito à função social da propriedade. Trouxe essa previsão em mais de um artigo. Começou a conceber que adotara essa ideia já nos seus princípios fundamentais, como se percebe, de logo, do art. 1º, incisos III e IV:

> Art. 1º A República Federativa do Brasil, formada pela união indissolúvel dos Estados e Municípios e do Distrito Federal, constitui-se em Estado Democrático de Direito e tem como fundamentos:
>
> III — a dignidade da pessoa humana;
>
> IV — os valores sociais do trabalho e da livre-iniciativa. (BRASIL, 2003, p. 19)

Verifica-se, da leitura desses princípios, uma clara limitação ao exercício de direitos subjetivos. Isso porque está a se consagrar que todo o exercício de um direito que coloque terceiro em condição indigna será reprovável. Além disso, há a clara preocupação constitucional de humanizar as relações de trabalho e a livre-iniciativa, enaltecendo seus valores sociais, o que só seria concebível com a imposição ao empregador de observância da função social da empresa.

Ainda dos chamados princípios fundamentais extrai-se a regra contida no art. 3º, I, *verbis*, que também apresenta um inequívoco cunho limitativo ao exercício de direitos:

> Art. 3º Constituem objetivos fundamentais da República Federativa do Brasil:
>
> I — construir uma sociedade livre, justa e solidária. (BRASIL, 2003, p. 19)

O *caput* do art. 5º poderia desestabilizar a noção de função social da propriedade. Isso porque referido artigo prega, dentre outras coisas, a inviolabilidade do direito à propriedade. Tal proteção explícita poderia levar a que alguns pensassem que o legislador "deu com uma mão e tirou com a outra", já que os detentores do direito de propriedade poderiam invocar o *caput* do art. 5º da CF/1988 para assim se utilizar daquilo que é seu de modo ilimitado e, até mesmo, em prejuízo de outrem.

Tal pensamento só se sustenta se se admitir uma interpretação, além de literal, equivocada da ordem constitucional vigente. Isso porque a norma constitucional, abstrata por natureza, estabelece as diretrizes básicas que regem uma sociedade. O papel de especificá-las fica a cargo da legislação infraconstitucional e da jurisprudência. Além disso, naquilo que contrariem o vetor interpretativo constitucional, as normas, mesmo as constitucionais, não sobrevivem.

Sem contar que uma norma constitucional, estando inserida dentro de todo um contexto, não pode, de forma alguma, ser interpretada de modo isolado. Quem assim pensa está a divergir das noções básicas de hermenêutica. E o próprio art. 5º se encarrega de consagrar que a propriedade atenderá a sua função social, como se colhe do seu inciso XXIII. O fez, ainda, no inciso XXIV, quando tratou da desapropriação por interesse social.

Tal regra veio a ser repetida no art. 170, III. O próprio *caput* do artigo já é, em si mesmo, uma prova dessa assertiva. Senão, vejamos:

> Art. 170. A ordem econômica, fundada na valorização do trabalho humano e na livre-iniciativa, tem por fim, assegurar a todos existência digna, conforme os ditames da justiça social, observados os seguintes princípios. (BRASIL, 2003, p. 110)

A função social da propriedade é referida, ainda, nos arts. 23, III, IV e IX; 24; 182; 184; 185 e seu parágrafo único; 186; 216 de I a V; e 243. Sem contar o art. 225, que fixa limites ao exercício desse direito quando impõe a todos o dever de preservar o meio ambiente (BRASIL, 2003).

Além do Código Civil de 2002, pode-se dizer que outras disposições legais sacramentaram essa tendência, a exemplo do Estatuto da Cidade, Código Florestal, Estatuto da Terra, dentre outras.

4.8. Função social e econômica da propriedade do empregador — Função social da empresa

Estabelecidas as premissas acerca da função social da propriedade, abordagem que se mostra essencial para o arremate da ideia a ser defendida neste capítulo, parte-se para a análise da peculiaridade que marca a função social da propriedade do empregador.

As limitações impostas por esse modo de conceber o direito de propriedade foram exaustivamente expostas. Parte-se agora para uma outra visão da função social da propriedade do empregador. Aqui não mais a ideia de um limitador de direitos, mas de um autêntico e verdadeiro criador de direitos.

A outra face da função social da propriedade do empregador faz que esta assuma a feição de função social da empresa. Isso porque, falar em função social da propriedade do empregador significa falar do papel que é atribuído a essa propriedade de manter hígidos e reluzentes os importantes fundamentos da República Federativa do Brasil, a seguir repetidos:

> Art. 1º A República Federativa do Brasil, formada pela união indissolúvel dos Estados e Municípios e do Distrito Federal, constitui-se em Estado Democrático de Direito e tem como fundamentos:
>
> III — a dignidade da pessoa humana;
>
> IV — os valores sociais do trabalho e da livre-iniciativa. (BRASIL, 2003, p. 19)

O papel de manter a solidez do relevante objetivo fundamental de nossa República, disposto no art. 3º, I, da Carta Magna. O papel de materializar o princípio que rege a Ordem Econômica Constitucional:

> Art. 170. A ordem econômica, fundada na valorização do trabalho humano e na livre-iniciativa, tem por fim, assegurar a todos existência digna, conforme os ditames da justiça social, observados os seguintes princípios:
>
> II — propriedade privada;
>
> III — função social da propriedade. (BRASIL, 2003, p. 110)

Com tudo isso se está a querer dizer que a função social da propriedade do empregador é, também, aquela que atribui à empresa a dádiva de criar empregos. A função social-criadora de empregos afina-se com todos os dispositivos constitucionais acima referidos. Gerar empregos significa atribuir dignidade aos que vão trabalhar, significa preservar o valor social do trabalho. Gerar empregos ajuda, decisivamente, o processo de busca por uma sociedade livre, justa e solidária. Gerar empregos é afirmar a valorização do trabalho humano, assegurando aos protagonistas desse trabalho uma existência digna.

Alie-se a isso tudo que os dispositivos constitucionais referidos trilham o caminho de preservação da livre-iniciativa, o que se alinha com a ideia de preservação da empresa. Arion Romita chama a atenção para a necessidade de preservação do ente empresarial, quando adverte que a flexibilização, ressalvados os exageros, se mostra relevante para a manutenção da fonte de emprego (ROMITA, 2005, p. 394).

É fato que não se pretende, aqui, confundir as noções de propriedade e de empresa. Sabe-se que enquanto a primeira encerra um direito subjetivo, a segunda constitui-se numa atividade. O papel a ser desempenhado é o de aferir quando essas noções se combinam, a fim de se verificar quando a empresa penetra na seara da propriedade (GOMES, 1986, p. 97). Alguns, como Pugliatti, citado por Orlando Gomes, referem que a organização empresarial vincula, chegando a absorver, a noção de propriedade (GOMES, 1986, p. 89).

Já se teve oportunidade de dizer que o eminente civilista baiano defende a restrição da função social à propriedade produtiva. Já se pode, também, discordar desse posicionamento restritivo, pautando-se em abalizada e não menos valorosa doutrina. Contudo, é forçoso admitir que a propriedade produtiva, ainda quando não seja a única que se deve pautar por uma função social, se apresenta como aquela que melhor retrata essa nova visão do direito em análise.

Não se pode discutir, também, que a propriedade analisada neste capítulo, ou seja, a do empregador, se apresenta como verdadeira propriedade de bens de produção. Por isso, ao invés de voltar a criticar o posicionamento do jurista acima referido, há que se aproveitar todos os seus ensinamentos ligados à função social que ele atrela à propriedade produtiva.

E é dele a opinião que demonstra a importância de atrelar — ao invés de confundir — as noções de propriedade e empresa para o estudo da função social da propriedade produtiva:

> Qualificada como uma atividade, a empresa apresenta-se em certa ótica como uma forma, ou modo, de exercício da propriedade de bens incorporados ao processo produtivo. É nessa forma de exercício que se insere a ideia de função social, jamais no direito subjetivo de propriedade, porque, sendo direito, não pode obrigar e por sua natureza e essência não admite sequer a configuração de um *potestas*, a um só tempo direito-dever. (GOMES, 1986, p. 101-102, sem os grifos do original)

É fato que a justificativa colide com a possibilidade de se admitir a funcionalidade social das outras propriedades. Mas é certo que a figura da propriedade produtiva atrelada à de propriedade-empresa justifica a faceta do pensar social da propriedade defendida neste capítulo. Isso porque, o que se pretende demonstrar aqui, vale repetir, não é a função social limitadora do exercício do direito, que impõe, por exemplo, o respeito ao meio ambiente a ser observado por todos os proprietários de todos os tipos de propriedade. A função social a ser enaltecida neste capítulo é aquela que realça a importância da propriedade (empresa) na materialização da ordem econômica constitucional, na geração de riquezas, na criação de empregos.

Neste sentido de conferir importância à função social da propriedade produtiva atrelada à função social da empresa, José Afonso da Silva preceitua:

> Mas a principal importância disso está na sua compreensão como um dos instrumentos destinados à realização da existência digna de todos e da justiça social. Correlacionando essa compreensão com a valorização do trabalho humano (art. 170, *caput*), a defesa do consumidor (art. 170, V), a defesa do meio ambiente (art. 170, VI), a redução das desigualdades regionais e sociais (art. 170, VII) e a busca do pleno emprego (art. 170, VIII) tem-se configurada sua direta implicação com a propriedade dos bens de produção, especialmente imputada à empresa, pela qual se realiza e efetiva o poder econômico, o poder de dominação empresarial. Disso decorre que tanto vale falar de função social da propriedade dos bens de produção, como de função social da empresa, como de função social do poder econômico. (SILVA, 2005, p. 712-713)

E arremata dizendo:

> Ao estabelecer expressamente que "a propriedade atenderá a sua função social", mas especialmente quando o reputou princípio da ordem econômica — ou seja, como um princípio informador da constituição econômica brasileira com o fim de assegurar a todos existência digna, conforme os ditames da justiça social (art. 170, II-III) — a Constituição não estava simplesmente preordenando fundamentos às limitações, obrigações e ônus relativamente à propriedade privada, princípio também da ordem econômica e, portanto, sujeita, só por si, ao cumprimento daquele fim. Limitações, obrigações e ônus são externos ao direito de propriedade, vinculando simplesmente a atividade do proprietário, interferindo tão só com o exercício do direito, os quais se explicam pela simples atuação do poder de polícia. (SILVA, 2005, p. 120)

Atento a essa dupla face da função social, foi que Eros Roberto Grau destacou que a mesma cria dois deveres para o titular desse direito: um positivo e outro negativo. Enquanto o negativo consiste em obrigação de não fazer, ou seja, de não exercer o direito em prejuízo alheio, o positivo consubstancia-se na obrigação de fazer, ou de exercer o direito em prol de uma coletividade, com a meta de assegurar existência digna a todos (GRAU, 1997, p. 255- 257).

Esse também é o posicionamento de Celso Antonio Bandeira de Mello, citado por Sandra Lia Simón. O autor em destaque denomina essa feição de segunda acepção da função social da propriedade, e diz que a ela pode-se atribuir outro conteúdo, voltado para objetivos de justiça social, comprometidos com um projeto de buscar uma sociedade mais igualitária ou menos desequilibrada, sob a forma de oportunidade de acesso aos cidadãos (SIMÓN, 2000, p. 117-118).

Pensar na função social da propriedade como um mero limitador de direitos pode implicar a destruição desse direito, ainda mais quando essa propriedade se volta para os bens de produção. A ideia aqui proposta, de enaltecer esta "outra acepção" da função social da propriedade afina-se com o pensamento de que o homem deve fazer um justo uso de sua propriedade. Aqui a função social não limita direitos, mas, a exemplo do que defendeu Leon Duguit, impõe uma responsabilidade ou uma missão social de gerar riquezas para o seu proprietário e também para os não proprietários. Aquilo que pregava a Constituição Weimariana nos seus arts. 153 e 155[2].

Foi esse, também, o pensamento pregado pelo art. 147 da Constituição brasileira de 1946, quando conectou o exercício do direito de propriedade à observância do bem-estar social e à justiça distributiva. Essa mesma ideia vigora hoje, com a atual Carta Política, já que esta fixa como princípio da ordem econômica constitucional a propriedade privada e a função social da propriedade. Ou seja, materializa e enaltece essa faceta de circulação de bens e riquezas da função social da propriedade. Essa ideia acabou influenciando o Código Civil de 2002, que, por sua vez, no art. 1.228, atrelou o exercício desse direito à observância das funções econômica e social. Ou seja, nosso diploma civil une as duas funções, dada a importância de ambas no exercício desse direito.

Esse ponto nos leva a uma conclusão crucial. O legislador constituinte uniu as funções econômica e social da propriedade produtiva. Não foi à toa que as colocou juntas na "Constituição econômica". Pode-se chegar ao ponto de afirmar que as funções social e econômica da propriedade produtiva se confundem, não se podendo imaginar uma sem a outra. Mas, se se pensar em uma função social como mera limitadora de direitos, então se estará propondo uma fratura dessa união principiológica contida em nossa Constituição, e isso pode implicar afronta ao próprio texto constitucional.

As funções econômica e social da propriedade produtiva do empregador, inequivocamente, andam juntas. A primeira atribui à propriedade o papel de circular riqueza. A segunda, a missão de gerar empregos. Só assim, juntas, é que conseguirão

---

(2) Art. 153. A propriedade obriga. Seu exercício deve ser ao mesmo tempo um serviço prestado ao bem comum.
Art. 155. O possuidor da terra está obrigado, frente à comunidade, a trabalhar e explorar o solo. (OLIVEIRA, Magno Gomes. *A função social da propriedade*. Disponível em: <www.pgm.fortaleza.ce.gov.br> Acesso em: 2006)

efetivar os fundamentos do Estado Democrático de Direito acima referidos. Só assim atingirão o objetivo da República Federativa do Brasil antes citado. Só assim observarão os princípios da Ordem Econômica constitucional.

É essa a interpretação que se deve fazer da função social da propriedade produtiva do empregador, ou seja, harmonizada e unida com a função econômica, consentânea com a valorização do trabalho e da livre-iniciativa, em busca de uma sociedade mais justa e igual, em prol da preservação da dignidade humana, via manutenção dos ditames da ordem econômica constitucional. Ou seja, traz-se aqui uma clara proposta de hermenêutica constitucional, na trilha, mais uma vez, da unicidade sistemática da nossa Carta.

E é exatamente por esse motivo que esta obra enaltece a possibilidade de que o empregador defenda a sua propriedade, ainda que para isso seja necessário adotar medidas que colidam com a intimidade e vida privada dos seus empregados. A defesa da propriedade empresarial trabalhista permite que ela continue existindo, propiciando-lhe a possibilidade de seguir em sua missão de cumprir suas funções social e econômica e, com isso, desempenhar a sua tarefa de dar efetividade aos dispositivos constitucionais acima referidos. Não se consegue ver como é possível a manutenção da empresa sem que se lhe permita a defesa do seu patrimônio.

Não se perca de vista, ainda, que a defesa da propriedade é um direito constitucionalmente assegurado ao empregador. Mas essa carga de importância que se atribui à propriedade do empregador justifica ainda mais essa defesa, pois assegura-lhe conotação social de existência. Por isso, a defesa deve se voltar para todo o organismo empresarial, tal como preconiza Sandra Lia Simón:

> A proteção constitucional do direito de propriedade, cuja evolução se deu paralelamente ao desenvolvimento tecnológico, apresenta-se no momento bastante ampla para abarcar a nova concepção desse direito. Por consequência, todos os meios de produção pertencentes ao empregador e que se materializam na empresa, no estabelecimento, no imóvel onde se localiza o estabelecimento, nos bens que compõem esse estabelecimento (tais como maquinário, mobiliário), no modo de produção, nas invenções, nas estratégias de atuação no mercado, no produto, etc., integram o objeto do seu direito de propriedade, sendo passíveis da proteção constitucional, dada pelo art. 5º, inciso XXII, do Texto Fundamental. (SIMÓN, 2000, p. 116-117)

Se isso não já fosse o bastante, a existência da empresa, mantida via defesa do seu patrimônio, permite, ainda, que o empresário, enquanto pessoa humana, tenha sua dignidade assegurada. É certo que, a despeito da relação desigual que o contrato de emprego encerra, essa desigualdade se vê de modo mais explícito entre o empregado e a empresa. Aliás, o conceito de empregador que o art. 2º da Consolidação das Leis do Trabalho traz exprime isso, pois estabelece que a relação se dá entre a pessoa do empregado e a empresa, que a lei diz ser o empregador.

Por isso, há de se pensar, também, na dignidade da pessoa humana do proprietário da empresa, pois a Carta Magna não excepcionou destinatários dessa regra.

Acrescente-se, ainda, que a preservação da empresa, via defesa do seu patrimônio, assegura a manutenção de inúmeros postos de trabalho. Isso se afina ainda mais com os fundamentos da nossa República, que pugnam por estabelecer um Estado Democrático de Direito, via preservação da dignidade da pessoa humana e dos valores sociais do trabalho. Ou seja, outras pessoas terão sua dignidade de pessoa humana assegurada através da manutenção dos seus empregos.

Defender o patrimônio empresarial é defender a empresa. É a única forma de mantê-la ativa. É o único meio de preservar a dignidade do empregador. É, por fim, o único meio de preservar os empregos e garantir a dignidade de todos os empregados.

Por isso é que a abordagem do capítulo 5 sepultará a discussão proposta pelo problema enfrentado neste livro, pois se procurará estabelecer critérios para resolver a colisão de interesses que a revista pessoal encerra. E os elementos agora explorados serão de grande valia para a defesa que se proporá naquela etapa do trabalho.

4.9. Direitos da personalidade das pessoas jurídicas — Honra e imagem da empresa

Ainda que se deva colocar em segundo plano, não se pode deixar de enfatizar que a defesa da propriedade empresarial traz como justificativa, também, a preservação da honra e da imagem da empresa. Esse é, sem dúvida, um interessante reforço da linha de argumentação aqui defendida.

A justificativa para a afirmação de que esse aspecto deve ser abordado como um argumento secundário deve-se ao fato de que, numa concepção de fundamento constitucional para defesa da propriedade empresarial, primeiramente, devem ser considerados os elementos abordados no item anterior.

Decerto, sendo a dignidade da pessoa humana o vértice axiológico constitucional, baliza para o intérprete da Carta Magna, é óbvio que a defesa do direito da personalidade da empresa, porque pessoa jurídica e não humana, sucumbiria diante dos outros interesses em colisão. Ora, num conflito de interesses em que envolvidas, apenas, a intimidade e vida privada de empregados em contraposição com a honra e imagem da empresa, jamais se conceberia a defesa do patrimônio empresarial em detrimento dos direitos da personalidade dos empregados, pois incidindo a dignidade da pessoa humana nesse choque, a prevalência seria destes últimos.

Por isso, deu-se relevo aos elementos abordados no tópico anterior, já que estes apresentavam uma fundamentação pautada na dignidade da pessoa humana do proprietário da empresa e dos próprios empregados, interessados diretos na manutenção da entidade empresarial.

No entanto, também os direitos da personalidade da pessoa jurídica, ou, mais precisamente, da empresa são motivos para se sustentar a possibilidade de defesa do patrimônio empresarial. Isso porque, não se consegue visualizar a possibilidade de defesa desses direitos — de honra e imagem — sem se permitir a defesa da propriedade empresarial.

É prescindível nesse instante ingressar na polêmica esfera da plausibilidade da extensão dos direitos da personalidade à pessoa jurídica. As opiniões doutrinárias divergem, cada um expondo suas razões com sólidos argumentos. Mas a questão está pacificada em sede legislativa e jurisprudencial, conforme dispõem o art. 52 do Código Civil de 2002 e a Súmula n. 227 do Superior Tribunal de Justiça[3].

O importante a se dizer é que, mesmo aqueles que defendem a impossibilidade de extensão dos direitos da personalidade à pessoa jurídica, não deixam de admitir que esta tenha imagem e honra. Renan Lotufo critica, de modo veemente, a possibilidade de reparar-se a pessoa jurídica por dano moral, mas, referindo-se a conceito mais extenso, de dano não patrimonial, conclui que:

> Desde logo afirma que não se pode negar que muitas hipóteses de incidência dos danos morais de sua própria natureza só se podem reportar às pessoas físicas. Uma das lesões é a psicofísica, bem como a da liberdade individual, da liberdade sexual. Mas o âmbito do dano não patrimonial é muito mais amplo, como a honra, a reputação, a imagem, o nome, a privacidade, cuja lesão pode atingir todas as pessoas e até entes de fato. (LOTUFO, 2003, p. 150)

No mesmo sentido, de reconhecer proteção constitucional à imagem da empresa, é o magistério de Manoel Jorge e Silva Neto:

> Se há outorga de proteção constitucional à imagem do empregado, é irrecusável reconhecer-se, por simetria, a possibilidade de tutela da imagem da empresa.
>
> Atualmente, gastam-se valores extraordinários com o objetivo de consolidação de uma imagem de uma empresa eficiente, responsável pela produção de bens ou prestação de serviços de qualidade. Em suma: é crescente a preocupação dos grupos empresariais com a construção de uma "boa" imagem perante os consumidores.
>
> Pelos caracteres associados às pessoas jurídicas, parece evidente que a única ofensa possível é à imagem-atributo, ou seja, às condições e qualidades especiais incorporadas à imagem da empresa. (SILVA NETO, 2005, p. 76)

---

(3) Art. 52. Aplica-se às pessoas jurídicas, no que couber, a proteção dos direitos da personalidade (BRASIL, 2003, p. 270).
Súmula n. 227/STJ: A pessoa jurídica pode sofrer dano moral (STJ. Disponível em: <www.stj.gov.br> Acesso em: 2006).

O proprietário da empresa pode defender o direito à honra e à imagem-atributo desta. Isso, contudo, não é possível sem a defesa do patrimônio empresarial. Isso porque é essencial, para manter hígidos esses direitos, que a empresa esteja sólida e em franca atividade.

A construção de uma imagem da empresa demanda tempo. Não é qualquer empresa que nasce com respeitabilidade e crédito. Só com o desenvolvimento de sua atividade é que a empresa consegue construir boa fama e honra objetiva, bens imateriais que ela incorpora ao seu patrimônio e que demandam proteção (LOTUFO, 2003, p. 152). Essas qualidades visíveis num produto, ou instituição, ou seja, aquilo que torna conhecida a pessoa jurídica, é que forma a imagem da empresa (CASTRO, 2002, p. 25).

Mônica Aguiar ainda refere posicionamento de Luiz Alberto David de Araújo, em que este descreve "[...] no mundo empresarial a imagem é um dos fatores essenciais para o sucesso da empresa" (CASTRO, 2002, p. 24-25). E a citação feita ao referido autor traz o seguinte arremate:

> A organização proficiente pelo empresário dos diversos elementos reais e pessoais com os quais ele explora uma atividade econômica com finalidade especulativa é tarefa assaz árdua, muitas vezes só atingida após longos anos de esforços e investimentos. Forma-se um conceito, uma imagem abstrata não visual, da entidade diante do mundo dos negócios e do próprio consumidor. (CASTRO, 2002, p. 24-25)

Este também é o pensamento de Rodolfo Pamplona Filho:

> A legislação jamais excluiu expressamente as pessoas jurídicas da proteção aos interesses extrapatrimoniais, entre os quais se incluem os direitos da personalidade. Se é certo que uma pessoa jurídica jamais terá uma vida privada, mais evidente ainda é que ela pode e deve zelar pelo seu nome e imagem perante o público-alvo, sob pena de perder largos espaços na acirrada concorrência de mercado. (PAMPLONA FILHO, 2002, p. 87)

A manutenção dessa imagem e honra, pois, incrementa a necessidade de defesa do patrimônio da empresa. Por isso, esse reforço de argumento apresenta-se pertinente para justificar a defesa do patrimônio empresarial. Neste sentido, mais uma vez é o magistério de Renan Lotufo, com o qual se encerra este tópico:

> O direito de propriedade tem outro fundamento constitucional, que é tão legítimo quanto os outros que encontramos, mas é específico. A atividade privada e a iniciativa privada têm fundamento constitucional, que permite a sua devida proteção. Qualquer lesão ao âmbito da moralidade, ao âmbito da credibilidade, que foram construídas, que foram edificadas pelas empresas, deve ser reparada. (LOTUFO, 2003, p. 153)

5.

EXERCÍCIO ABUSIVO DO DIREITO À INTIMIDADE PELO EMPREGADO NO CASO DA REVISTA PESSOAL

5.1. Ponderação dos interesses em colisão — Dos princípios da razoabilidade e da proporcionalidade

A ponderação de interesses, como se viu, encerra a aplicação do princípio da proporcionalidade. Busca-se que a restrição feita ao princípio preterido seja a mínima possível. Impõe-se, ainda, que o princípio que prevaleceu atinja o fim buscado, sem que se apresente outra alternativa que melhor resolva o conflito. Por fim, há de se observar que a solução adotada tem um valor maior do que o sacrifício imposto a princípio constitucional preterido.

A restrição aos direitos fundamentais dos empregados deve escorar-se numa palavra de ordem: imprescindibilidade. Quando essa restrição se mostrar imprescindível, não se pode hesitar em restringir o direito do empregado. Aliás, este é um dos papéis atribuídos ao princípio da proporcionalidade, quando este se insere no ambiente empresarial e na relação de emprego, no dizer de Edurne Ormaetxea:

> Efectivamente, la proporcionalidad — en esa vertiente ponderativa — no se relaciona únicamente con una garantia del límite a los derechos fundamentales, sino también con criterio medidor de la "modalización" con que deben ejercitarse los derechos dentro de la esfera empresarial. (ORMAETXEA, 2004, p.78)

O exercício do direito fundamental no interior da empresa traz como peculiaridade não poder ignorar a comunidade empresarial. Mesmo o exercício fora do ambiente empresarial já impõe a noção de social. Na empresa, essa socialização é potencializada pelo fato de que o empregado se insere numa propriedade alheia, numa entidade que desenvolve certa atividade lucrativa, a qual impõe riscos. E esses riscos, pelo que dispõe o Direito do Trabalho, são todos assumidos pelo proprietário dos meios de produção.

Por isso mesmo, um interesse empresarial legítimo pode impor a limitação do direito fundamental do empregado. Esse interesse empresarial pode ser taxado de legítimo na medida em que se volte para a preservação dos meios de produção — fonte de subsistência e de dignidade do empresário e de todos os empregados.

No entanto, além da legitimidade do interesse, há de se perquirir acerca da imprescindibilidade do meio utilizado, pois só assim se justifica a restrição ao direito fundamental do obreiro. Ou, como disse o Tribunal Constitucional Espanhol em decisão referida por Edurne Ormaetxea:

> Se hace preciso acreditar — por parte de quien pretende aquel efecto [el empresario] — que no es posible de otra forma alcanzar el legítimo objetivo [empresarial] perseguido, porque no existe medio razonable para lograr una adecuación entre el interés del trabajador y de la organización en que se integra. (ORMAETXEA, 2004, p. 82-83)

A defesa proposta não se volta para o interesse individual da empresa ou do empresário. O interesse é legitimamente coletivo. O interesse consiste em salvaguardar a convivência harmônica, o que não se afigura possível sem que se possa pensar na proteção da dignidade de todos os envolvidos.

Por isso, a análise se volta não só para a legitimidade do interesse que se quer proteger, como também para a indispensabilidade da restrição da garantia individual do trabalhador. Esse binômio afigura-se razoável. Essas situações, quando presentes, se afinam, portanto, com outro princípio que não pode ser esquecido, qual seja, o da razoabilidade.

Postas essas ideias, surge a necessidade de voltar a se falar do princípio da proporcionalidade em suas três etapas. O direito fundamental do empregado cederá quando isso se mostrar adequado, necessário e ponderado. Verifica-se se essa restrição atinge o fim pretendido. Se essa restrição se afigura como o único meio possível de se atingir o objetivo, sem que se possa lançar mão de outra alternativa menos restritiva. Por fim, os direitos em colisão são sopesados, para garantir que se está preservando uma garantia que, num dado caso concreto, tem um peso maior do que aquela preterida.

Aliado a isso tudo, deve-se estabelecer um equilíbrio entre o exercício dos direitos fundamentais por parte do empregado e a essência da própria relação de emprego. Sim, porque é certo que o cidadão não deixa de ser detentor dos seus direitos fundamentais quando se torna empregado de alguém. Mas, na mesma medida, não se pode ignorar que a subordinação própria do contrato de emprego e o poder empresarial — consequência dessa subordinação — são essenciais para a higidez dessa relação. Diz-se mais, como já se teve oportunidade de afirmar: sem isso, a relação de emprego não pode ser concebida. Por isso, o exercício dos direitos fundamentais, em certos casos — de defesa de interesses empresariais legítimos e em situações imprescindíveis —, vão ceder ao poder do empregador, vão se render ao estado de subordinação.

Não se admite que a organização empresarial se materialize sem que se estabeleça uma hierarquia, uma concepção de poder de um e de obediência de outro. Por óbvio que esse poder encontra os seus limites, e um deles está nos direitos fundamentais dos empregados. Mas também os direitos fundamentais alcançarão as suas limitações, e essas, em alguns casos, estarão no exercício desse poder. É essa harmonia, esse ponto de equilíbrio, que o presente trabalho busca estabelecer. Esse conflito está em voga.

Contudo, fracassaram todas as tentativas de se estabelecer critérios objetivos, metodológicos, para a solução de todos os casos que se apresentem. Só o caso concreto permitirá uma resposta, aliás, várias respostas, distintas, por vezes contraditórias. Esse objetivo impõe um esforço dialético, através da argumentação em cada caso concreto. Por isso, não se pode pensar a solução de modo cartesiano, segundo o qual algo possa ser evidente. Deve-se pensar a solução desse conflito de modo argumentativo, em que a evidência dê lugar ao possível, ao verossímil.

Exatamente por isso, a partir desse instante, faz-se aqui a opção por realizar um corte metodológico, para que se possa aplicar toda a teoria desenvolvida. Assim, persegue-se a verificação do abuso do direito fundamental do empregado nos casos das revistas pessoais, que, sem a menor dúvida, encerra o caso mais polêmico de se aferir esse exercício, desconforme, de um direito fundamental. E, por conclusão óbvia, o direito fundamental a ser exercitado — e, portanto, passível de abuso — é o direito à intimidade.

A revista pessoal traz consigo o conflito entre a intimidade do empregado e o direito de propriedade do empregador. Mas não é este o único conflito que materializa. Na medida em que se constitui como um óbice ao exercício do direito de propriedade do empregador, esse entrave pode acarretar a derrocada do ente empresarial, cuja manutenção interessa a empresário e demais empregados. Por isso, o direito à intimidade entra em choque com os princípios da valorização social do trabalho e da livre-iniciativa e, em última análise, com a dignidade da pessoa humana do empresário e dos demais empregados.

Por isso, tem-se que todos os titulares dos direitos fundamentais envolvidos no conflito proposto acima estarão, quando da defesa dos mesmos, procurando preservar, em última análise, aquilo que fundamenta os seus direitos, ou seja, a busca da sua dignidade enquanto pessoa humana. Como dirimir esse conflito via técnica da ponderação de interesses?

A resposta a esse questionamento já foi dada acima com a citação doutrinária a seguir repetida:

> Por outro lado, é mister ratificar que, em determinados casos, haverá de ser sacrificado um direito por inteiro, desde que de mesmo grau, devendo outro prevalecer por proteger maior número de pessoas ou porque a manutenção é socialmente mais adequada. (CASTRO, 2002, p. 120)

Esse parece ser um daqueles "determinados casos", referidos por Mônica Aguiar. Prevalecer o direito individual à intimidade implica sacrificar os direitos de várias outras pessoas. Sem contar que tal situação não se mostra como a mais adequada do ponto de vista social, pois em manifesta afronta aos princípios constitucionais citados.

A opção manifestada aqui permite que se atinja o fim buscado, sem que haja melhor alternativa para tanto. Ou seja, aquela ideia de que a revista pessoal deve ser imprescindível para a defesa de um interesse legítimo empresarial e, ainda, para a preservação de direitos fundamentais, não só do empresário, mas também dos outros empregados. Além disso, o valor das garantias preservadas é maior do que a prerrogativa sacrificada, atendendo-se ao critério de atribuição de peso.[1]

Não se pode perder de vista, contudo, que a supressão integral do direito à intimidade pode implicar afronta à dignidade da pessoa humana daquele que se submete ao procedimento de revista pessoal. Não se pode ignorar que o tom que cadencia a técnica de ponderação é a dignidade da pessoa humana. Sendo esta a baliza da ponderação e havendo o risco de que titulares dessa garantia deixem de usufruí-la, necessário se faz estabelecer critérios para a realização dessa revista, de modo a que se atenda à regra da adequação, pois é preciso se preservar ao máximo o princípio que cedeu ante os demais, pois ele também se volta para a dignidade da pessoa do empregado.

Em nome dessa necessidade, que, frise-se, se afina com a manutenção das já defendidas unicidade e dialeticidade do sistema constitucional e que tende a preservar a dignidade da pessoa humana, o próximo subitem encarregar-se-á de fixar tais critérios.

5.2. Revista pessoal de empregado — Critérios para sua realização

A questão das revistas dos empregados no nosso direito trabalhista reveste-se de profunda divergência de pensamentos. Isso se deve, sem dúvida, ao caráter rarefeito da legislação infraconstitucional que regula a espécie.

Com efeito, a CLT veda a revista íntima das mulheres, como se colhe do art. 373-A, VI, abaixo transcrito:

> Art. 373-A. Ressalvadas as disposições legais destinadas a corrigir as distorções que afetam o acesso da mulher ao mercado de trabalho e certas especificidades estabelecidas nos acordos trabalhistas, é vedado:
>
> [...]
>
> VI — proceder o empregador ou preposto a revistas íntimas nas empregadas ou funcionárias. (BRASIL, 2006, p. 47)

---

[1] Critério defendido por Robert Alexy, como visto no item 2.3.1.

O dispositivo citado, claramente, veda a realização de revistas íntimas. Fá-lo, é verdade, apenas para as mulheres, o que, de início, exigiria uma análise à luz do princípio da igualdade, constitucionalmente estabelecido (art. 5º, I), para se dizer que tal vedação deva se estender também aos homens.

A questão intrincada reside no seguinte pormenor: vem se defendendo que o art. 5º, X, da CF/1988 veda toda e qualquer revista, íntima ou não, por se tratar de ato atentatório à intimidade e vida privada do empregado.

O propósito deste livro é defender que tal posicionamento não se afigura razoável, ferindo a boa-fé e, ainda, o direito de propriedade do empregador, mesmo observada a função social deste. Fere ainda o direito ao trabalho de outros empregados, o que, já se viu, se materializa com a manutenção da atividade empresarial. Além disso, tal defesa acarretaria um absolutismo desse direito à intimidade, o que não se mostra possível e razoável.[2]

Sem contar que esse direito cede diante da ponderação de interesses, conforme explicitado no item anterior.

Mas foi exatamente para tentar preservar o direito à intimidade e, em outra concepção, à dignidade da pessoa revistada, que nos propomos, nesse instante, a estabelecer critérios razoáveis e ponderáveis para a realização desse mecanismo de controle empresarial.

Como se teve oportunidade de externar, a revista pessoal tipifica um daqueles casos em que o empregado tem restringido um direito fundamental, no caso, a intimidade. Por conta disso, necessário se faz justificar que a revista deve ser defendida quando demonstrado o legítimo interesse empresarial e, ainda, quando esta for indispensável para o exercício desse interesse.

A legitimidade do interesse encontra eco, inicialmente, na defesa da propriedade empresarial. A revista pessoal é mecanismo de defesa do direito de propriedade. Como tal, já se afigura um interesse legítimo, pois este direito insere-se no rol dos direitos fundamentais.

É certo que esse direito constitucional de propriedade tem seu exercício atrelado à observância de sua função social. Já se viu, porém, que essa função social não se constitui, exclusivamente, num limitador de direitos, mas também num criador de direitos. E essa faceta social, que ganhou destaque nas linhas anteriores desse estudo[3], é consentânea com a ordem econômica constitucional (art. 170, II e III), bem como com os fundamentos constitucionais do Estado Democrático de Direito (art. 1º, III e IV), e ainda com os objetivos fundamentais da nossa República (art. 3º, I e III).[4]

---

(2) Já se teve oportunidade de defender no item 2.3.2 que nem mesmo a dignidade da pessoa humana goza desse caráter de direito absoluto.
(3) Itens 4.5, 4.6, 4.7 e 4.8 deste livro.
(4) Todos os dispositivos referidos estão contidos na Carta Política de 1988 (BRASIL, 2003).

A defesa do patrimônio empresarial afina-se, ainda, com a moderna concepção da defesa da honra e da imagem da pessoa jurídica, como exaustivamente destacado em item próprio[5].

Tudo isso fortalece o argumento de legitimidade do direito defendido. Mas só isso não basta. É preciso que se estabeleça a outra vertente imposta para que se admita a restrição de um direito fundamental do empregado dentro do ambiente empresarial. Resta então desenvolver a figura da imprescindibilidade.

Ninguém em sã consciência pode defender a impossibilidade de o empregador defender seu patrimônio. Assim dispõe Alice Monteiro de Barros:

> Há autores que se insurgem contra a revista, por considerá-la atentatória do direito individual do empregado, diante do qual a autoridade na empresa deve curvar-se. A jurisprudência brasileira inclina-se, há muitos anos, mormente quando prevista no regimento interno da empresa, com o fundamento de que é um direito do empregador e uma salvaguarda do seu patrimônio. Entende-se que a insurgência do empregado contra esse procedimento permite a suposição de que revista viria a comprovar a suspeita que a determinou contra a sua pessoa, autorizando o reconhecimento da justa causa. Vale ressaltar, entretanto, que a recusa por parte do empregado só será legítima quando a revista passe a envolver circunstâncias que afrontam a dignidade do ser humano. (BARROS, 1997, p. 73-74)

O problema está em definir quando esse direito pode se sobrepor ao exercício do direito à intimidade pelo empregado. Para dirimir essa dúvida é preciso formular e responder à seguinte pergunta: quando é que o mecanismo de defesa da propriedade se mostra imprescindível, ou seja, quando é que ele é o único recurso possível de ser utilizado para a defesa da propriedade empresarial?

Adaptando-se essa pergunta ao corte metodológico aqui proferido, há de se indagar o seguinte: quando é que a revista pessoal de empregado é imprescindível, ou seja, quando é que ela se mostra como o único recurso possível de ser utilizado para a defesa do direito de propriedade empresarial?

Enquanto, para a legitimidade do direito, se permite que se desenvolva um rol de argumentos dispostos metodologicamente, ou seja, a defesa da propriedade do empregador sempre se fundamentará nos dispositivos constitucionais acima citados — o que justificará, parcialmente, a restrição ao direito fundamental do empregado —, para a verificação da imprescindibilidade, obrigatoriamente, deve--se fazer uma análise casuística.

---

(5) Item 4.9 desta obra.

Dito isso, busca-se fixar o contexto que qualifica a revista pessoal como imprescindível para a defesa da propriedade empresarial. Inicialmente, vale transcrever a lição de Alice Monteiro de Barros, que segue esse pensamento da imprescindibilidade:

> A revista se justifica, não quando traduza um comodismo do empregador para defender o seu patrimônio, mas quando constitua o último recurso para satisfazer ao interesse empresarial, à falta de outras medidas preventivas; essa fiscalização visa à proteção do patrimônio do empregador e à salvaguarda e segurança das pessoas. Não basta a tutela genérica da propriedade, devendo existir circunstâncias concretas que justifiquem a revista; é mister que haja, na empresa, bens suscetíveis de subtração e ocultação, com valor material, ou que tenham relevância para o funcionamento da atividade empresarial. (BARROS, 1997, p. 74)

Uma primeira circunstância que se exige para se admitir a revista é que ela se realiza dentro do organismo empresarial. Com a adoção dessa medida, ela se coadunará com o legítimo exercício do poder diretivo do empregador, já que não se admite o exercício desse poder fora das dependências da empresa — o fundamento desse poder é o direito de propriedade e a subordinação do empregado, sendo que esta última não extrapola os limites do ambiente empresarial. Alice Monteiro de Barros preceitua essa demarcação territorial:

> A revista deverá ser realizada no âmbito da empresa, assim entendido o local de trabalho, a entrada e saída deste. O exercício do poder diretivo conferido ao empregador, no caso, não se estende para fora do estabelecimento da empresa, ainda que haja fundadas suspeitas contra o obreiro; nessa circunstância deverá o empregador recorrer às autoridade competentes. (BARROS, 1997, p. 75)

Essa realização dentro do ambiente empresarial, além de tudo o quanto exposto, ainda se mostra dentro dos parâmetros da razoabilidade, pois não expõe essa situação para aqueles que não integram a empresa. É preciso que se acrescente a isso que a revista deve se dar reservadamente, em recinto próprio para essa prática, pois, da mesma forma, não se pode permitir que essa situação seja exposta, também, aos outros empregados.

Outro aspecto que se afigura relevante para fixação de critérios voltados a tornar legítima a revista pessoal é o momento de sua realização. Deve ela "[...] ser realizada, em geral, na saída ou na entrada do trabalho ou durante a execução do serviço [...]" (BARROS, 1997, p. 75), sendo que esta última possibilidade

> [...] justifica-se, excepcionalmente, não só em face da intensificação do fenômeno terrorista no mundo, mas também porque, em determinadas atividades (minas, por exemplo), deverá ser evitada a introdução de objetos como explosivos ou outro objeto capaz de colocar em risco a segurança das pessoas ou o patrimônio empresarial. (BARROS, 1997, p. 75)

Outra preocupação que se deve ter para legitimar a realização da revista diz respeito ao universo de empregados que devem se submeter a esse procedimento. Esse procedimento deve ser realizado num número aleatório e considerável de empregados, mediante sorteio diário, o qual, por sua vez, deve se realizar com lisura e na presença de todos. Com isso se vence outra preocupação externada pela doutrina, de autoria, mais uma vez, de Alice Monteiro de Barros:

> A revista efetuada em uma ou poucas pessoas, ainda que de forma superficial e respeitosa, poder-lhes-á ser altamente lesiva, pois elas tornar-se-ão suspeitas. Daí a inadmissibilidade de controles discriminatórios, arbitrários, dos quais advenha predisposição contra os empregados selecionados. (BARROS, 1997, p. 75-76)

Importante ainda, nesse particular, que a esse procedimento se submetam todos os empregados, nos mais variados graus de hierarquia, mesmo aqueles que usufruam, na empresa, da prerrogativa de ocupar um daqueles cargos que a doutrina consagrou como sendo de confiança. Isso leva a uma outra conclusão: a revista deve ser sempre preventiva, jamais acusatória, e a isso só se atende com a adoção do critério da aleatoriedade do revistado.

Ainda como critério de observância obrigatória e crucial para materializar a situação de procedimento, imprescindível é a imposição de que na empresa haja bens suscetíveis de subtração e ocultação.

Logo, a aceitação da revista pessoal se volta para as empresas que lidem com mercadorias extremamente vulneráveis de serem subtraídas — a exemplo de supermercados e lojas de departamento que comercializam produtos dos mais variados tamanhos, formatos e preços. Esses produtos têm como matéria-prima os mais variados componentes, a exemplo de plásticos, metais, pedras etc. Do mesmo modo, admite-se nos hotéis, em que os empregados acessam as dependências e pertences variados dos hóspedes. Enfim, uma série de empresas teria a justificativa aqui defendida para a adoção dessa prática.

Injustificável seria admitir, por exemplo, a prática de revistas pessoais em lojas que comercializassem veículos motorizados (carros, motocicletas, lanchas etc.). Nesses casos, o trânsito de empregados não implicaria qualquer risco de que fossem subtraídas as mercadorias comercializadas, e a revista seria um abuso, agora praticado pelo empregador.

O critério anterior antevê o que agora será abordado. Necessário que a revista seja empregada como o último recurso de proteção patrimonial da empresa. Esse critério estabelece, definitivamente, a observância do binômio legitimidade e imprescindibilidade, e encerra a exigência do meio imprescindível.

A empresa deve demonstrar que nem todo o aparato eletrônico disponível no mercado é capaz de impedir a subtração de suas mercadorias. Estamos nos referindo à insuficiência dos sistemas de câmeras de vídeo instalados no ambiente empresarial, aos detectores de metal, à vigilância pessoal e à instalação de etiquetas nas mercadorias.

Os sistemas de câmeras de vídeo mostram-se insuficientes, pois esses não podem ser instalados em sanitários e vestiários, locais onde corriqueiramente ocorrem as ocultações. Os detectores de metal, como o nome está a dizer, limitam-se à percepção de objetos metálicos. A vigilância pessoal imporia a necessidade de contratação de um aparato humano superior ao número de empregados, o que se afigura inviável, ainda mais se considerarmos que uma vigilância ostensiva e numerosa gera uma situação talvez mais constrangedora do que a da própria revista. A instalação de etiquetas mostra-se insuficiente, pois nem todos os produtos podem se fazer acompanhar de etiquetas — alguns, de tão pequenos, sequer suportariam o peso delas.

Outra condição que impende seja observada é que seja feita por pessoas do mesmo sexo e sem inspeção direta sobre o corpo, que pressupõe desnudamento completo. Note-se que defender o contrário implicaria que a intimidade cedesse integralmente perante o direito de propriedade — aceitar essa submissão total de um direito fundamental perante outro seria desmerecer toda a construção teórica formulada em linhas anteriores.

Não se pode admitir que a revista se dê com desnudamento completo do empregado, mesmo que esse se dê diante de pessoas do mesmo sexo, pois admitir isso implicaria desqualificar a técnica de ponderação de interesses. Admitir isso implicaria quebrar a unicidade do sistema constitucional; seria permitir que o empregador abusasse de seu direito fundamental. Dessa opinião comunga a já citada doutrinadora:

> Outro aspecto diz respeito à revista que pressupõe inspeção direta sobre o corpo do empregado suspeito de furto de pequenos objetos de grande valor (pedras preciosas). Com razão está a doutrina estrangeira quando assevera que a inspeção nessas condições poderá traduzir atentado contra o pudor natural da pessoa, mas dependerá da intensidade do exame. Portanto, considera-se atentatória à intimidade a inspeção a qual exige que o indivíduo se desnude completamente, ainda que perante pessoas do mesmo sexo, e submeta-se a exame minucioso, detalhado, prolongado ou em presença de outros. (BARROS, 1997, p. 75-76)

Esse critério, contudo, impõe que se enfrente um problema que se tem levantado nessas questões. É que, malgrado não se admita o despir-se, não se pode negar que a revista, em regra, imponha que o revistado seja tocado fisicamente pelos que exercem a atividade de revistar. O caso, no entanto, seria de permitir que o empregado fosse "apalpado", mas no sentido respeitoso da palavra, ou seja, na sua derivação do verbo "apalpar", que significa "tocado de leve"[6], diferentemente do sentido libidinoso deste ato, que seria o empregado ser "bolinado", derivado do verbo "bolinar", que, por sua vez, significa "apalpar uma outra pessoa com fins libidinosos".[7]

Ora, o apalpar, tocar levemente, implica a efetivação da revista, juntamente com o ato de revistar bolsas, sacolas e pertences dos empregados. Admitir a revista e não permitir que haja esse contato físico respeitoso é o mesmo que proibir a revista, pois esta, em última análise, não se realizaria.

Por fim, tem-se como último critério aquele já antecipado na última citação extraída da pena de Alice Monteiro de Barros, ou seja, que o exame não se dê de forma minuciosa, detalhada e prolongada.

Essa limitação ao ato é consentânea com a necessidade que o princípio da proporcionalidade exige, de que se preserve ao máximo o direito fundamental preterido. Por certo, a análise deve ser rápida e suficiente para a constatação a que se propõe. O empregado revistado demoradamente, por certo, se submeterá a situação vexatória e constrangedora, pois interpretará a demora como uma suspeita que sobre ele recai. A isso se acrescenta, portanto, que a revista não deva ser vexatória e humilhante.

A título meramente ilustrativo, convém salientar que esse rol de critérios é permitido pela legislação italiana, que traz, como acréscimo, a necessidade de que as condições para a realização desse ato sejam previamente acordadas com a representação dos trabalhadores na empresa e, uma vez não se atingindo o consenso, provoca-se uma decisão da Inspeção do Trabalho, órgão que naquele sistema equivale à nossa Delegacia do Trabalho (ROMITA, 2005, p. 232).[8] No Brasil, esse acordo prévio não se faz necessário, contudo, é razoável que ao empregado seja informada essa situação no ato da sua contratação, seja mediante cláusula contida em seu contrato de trabalho, seja através de norma ou regulamento interno empresarial, cuja cópia deve ser entregue ao obreiro. Com essa preocupação, pode-se invocar a boa-fé objetiva como fundamento para ver declarado o exercício abusivo do direito à intimidade pelo empregado.

Seguindo-se esses critérios, entende-se que não se pode falar em vedação dessa prática. Aqueles que continuarem a defender esse posicionamento radical proibitivo só poderão justificar essa posição cometendo o erro conceitual de

---

(6) APALPADO. In: HOUAISS, Antônio. *Dicionário Houaiss da língua portuguesa*. Rio de Janeiro: Objetiva, 2001. p. 245.
(7) BOLINAR. In: HOUAISS, Antônio. *Dicionário Houaiss da língua portuguesa*. Rio de Janeiro: Objetiva, 2001. p. 482.
(8) A exigência do direito italiano decorre de norma legal nesse sentido, o que não se faz necessário para o caso brasileiro, diante do permissivo contido no art. 393-A da CLT, em que se veda apenas a revista íntima, permitindo a revista pessoal, em nome da máxima de entender-se permitido aquilo que não estiver proibido.

confundir a revista pessoal com a revista íntima. A despeito de a diferença ser sutil, se toda revista íntima fosse pessoal, o art. 373-A da CLT não precisaria qualificar a revista que efetivamente quis vedar. Disporia simplesmente pela vedação da revista, sem identificá-la.

Mais uma vez, é importante socorrer-se do princípio hermenêutico basilar de que a lei não deve conter palavras inúteis, pelo que se a intenção do legislador foi a de qualificar a revista que entende vedada, conclui-se que a outra está permitida.

Fixados os critérios, o item seguinte se encarrega de conectar o abuso do direito à intimidade, quando verificadas as hipóteses dentro dos parâmetros razoáveis aqui propostos.

5.3. Abuso do direito à intimidade nas revistas pessoais

Resta conectar, então, a revista pessoal com o exercício abusivo do direito, seja pelo empregado (intimidade), seja pelo empregador (propriedade).

Sempre que o empregador deixar de observar as limitações relatadas no item anterior é possível afirmar que este abusa do seu direito de propriedade, pois contrariará a boa-fé e a verdadeira função social desse direito. Essa ideia é de fácil aferição.

Falar do abuso do direito à intimidade, contudo, exige uma explicação mais pormenorizada. Por isso, inicia-se essa árdua tarefa repetindo uma afirmação anterior: tal direito é passível de ser exercido de modo abusivo. Já se viu, também, que a revista pessoal é lícita e permitida pelo ordenamento jurídico brasileiro. Quando, então, o empregado que se recusa a ser revistado abusa do seu direito à intimidade?

Inicialmente, verifica-se esse abuso em face de o referido direito ceder diante do direito de propriedade, nas circunstâncias acima relatadas. A ponderação de interesse que leva a que o exercício do direito de propriedade se sobreponha ao direito à intimidade faz que o exercício deste último se mostre abusivo. Ele atentará contra a sua função social. Vale a pena repetir doutrina que se afina com a possibilidade de exercício abusivo do direito em colisão:

> Há possibilidade, no entanto, do aparecimento do abuso do direito no exercício do direito em colisão. Isso ocorrerá sempre que o seu titular faz uso do direito violando a boa-fé, os bons costumes ou, ainda, por desrespeitar a função econômica ou social do seu direito. (MEIRELLES, 2005, p. 31)

Do mesmo modo, na medida em que o empregado celebra o contrato de emprego e neste anuiu com as condições de subordinação a que se submeterá, em face da obediência que deve ao poder diretivo do empregador, exercer o direito à intimidade criando embaraço ao mecanismo de revista pessoal implica ofensa direta à boa-fé objetiva, já que consentiu que seu empregador adotasse os mecanismos indispensáveis para a defesa do patrimônio na empresa. Ressalte-se que a revista, por óbvio, deve atender aos critérios já defendidos acima, pois, do contrário, ela é que acabará sendo abusiva.

Não fosse já o bastante, o empregado que obsta a revista viola, mais uma vez, a boa-fé objetiva e, portanto, exerce abusivamente o direito à intimidade, na medida em que assumiu, no ato da contratação, deveres de colaboração e de proteção ao patrimônio da empresa. Impedir a revista em nome de exercer o direito à intimidade atenta contra esses deveres assumidos quando da contratação e encerra a hipótese do *venire contra factum proprium*. Isso porque pratica ato contrário ao que assumira anteriormente, violando a confiança da contraparte.

Dentro da concepção que se estabeleceu no capítulo 2, em que se atribuiu uma função social aos direitos fundamentais, qual seja, a de estabelecer um sistema harmônico em que todos os direitos sejam preservados, garantindo a todos os cidadãos a preservação da sua dignidade, o exercício do direito que se realize em desacordo com a busca do equilíbrio social a que a norma se propõe faz que esse ato do titular saia da linha demarcatória da licitude. Pois é isso que acontece quando se nota a defesa desenfreada da intimidade, pelo empregado, de modo a impedir a prática da revista pessoal, já que esta medida, do modo como defendido acima, permite a higidez e manutenção do ente empresarial e assegura o exercício dos direitos fundamentais do empregador e dos demais empregados.

Ainda que se diga que o direito que está sendo exercido é o da dignidade da pessoa humana, também este sujeita-se a limitações, e, também ele, tem a sua função social como direito que é. O embaraço criado contra a revista, quando esta se realiza nos moldes acima explicitados, atenta contra a dignidade da pessoa humana do empregador e dos demais empregados, em face de atentar, em última *ratio*, contra a manutenção do ente empresarial, garantidora dessas dignidades. Por isso, fere a função social que se atribuiu à dignidade da pessoa humana, de respeito à dignidade alheia.

Se se defendeu, com sólidos argumentos, que o direito à intimidade pode ter seu uso cedido pelo titular. Se se defendeu que essa cessão ocorre, sem deixar dúvidas, no ato da celebração do contrato de emprego, por todas as razões já estabelecidas, é certo que o óbice que se cria contra a prática da revista pessoal ponderada implica novo comportamento contraditório com o anteriormente assumido, ou seja, ofensa à boa-fé e, portanto, novo abuso de direito.

Justificativa ainda mais simpática seria permitir-se a revista naqueles casos em que a empresa lide com substâncias tóxicas, explosivas, que demandam controle das autoridades, ou qualquer outra que implique risco para terceiros. O objetivo desta obra não passa por essa hipótese, já que o corte procedido busca resolver o conflito intimidade x propriedade, com ênfase para o caráter econômico da defesa desta última. Mas não se pode deixar de ressaltar que, também nesses casos, utiliza-se do argumento de que o empregador assume integral e exclusivamente os riscos do seu negócio, e que esse risco, na hipótese, se potencializa. E, em última análise, essa assunção do risco em potencial tende a se refletir no patrimônio empresarial.

Enfim, são essas as ocorrências que levam a que se conclua pela possibilidade concreta de abuso do direito à intimidade pelo empregado nos casos de revista pessoal. Todas elas se justificam em nome da defesa do patrimônio empresarial.

5.4. Da jurisprudência a respeito do tema

Malgrado ainda se encontre forte resistência de um significativo segmento jurisprudencial, alguns Tribunais vêm flexibilizando esse posicionamento proibitivo radical e vêm admitindo a prática da revista. Num ponto todos concordam: a revista não pode acarretar vexame, desonra ou humilhação para o empregado.

O objetivo deste capítulo é reforçar e ilustrar a posição defendida no sentido de que se permita a realização da revista, desde que preenchidas as condições acima descritas. As ementas abaixo transcritas retratam alguns dos critérios antes estabelecidos.

Antes, porém, é preciso externar a posição proibitiva do procedimento que os Tribunais vêm adotando e que, reconhece-se, é a que vem prevalecendo. Os arestos abaixo dão conta disso:

EMPRESA DE SEGURANÇA DE VALORES. REVISTA PESSOAL. ABUSIVIDADE. DANO MORAL. CABIMENTO. Em se tratando de empresa que presta serviços de guarda e segurança de valores, a presunção que se tem é de plena capacidade administrativa e financeira para adoção de medidas eficazes de proteção do patrimônio, que não a imposição da revista pessoal, posto que abusiva, expondo o trabalhador a situações humilhantes e constrangedoras, em franca incompatibilidade com os arts. 1º, III e 5º, X, da Constituição Federal.
Processo 0020100-98.2008.5.05.0464 RecOrd, ac. N. 016106/2009, Relator Desembargador Renato Mário Borges Simões, 2ª TURMA, DJ 20.7.2009.
DANO MORAL — REVISTA PESSOAL. A revista pessoal, ainda que feita de forma geral, impessoal e sem contato físico, ofende a honra e a privacidade do empregado. Recurso a que se nega provimento.TRT 3ª Região, 1ª Turma, Proc. 00375-2007-062-03-00-4 RO. Rel. Desembargador Marcus Moura Ferreira, Rev. Desembargador Mauricio Godinho Delgado. Publicado no DO de 27.7.2007.
REVISTA PESSOAL. Nossa legislação não confere ao particular o direito de proceder em revista em outrem, ainda que este seja seu empregado.
Processo 0108200-82.2007.5.05.0005 RO, ac. n. 022421/2008, Relator Juiz Convocado Edilton Meireles, 2ª TURMA, DJ 27.10.2008.

Vê-se que as decisões acima transcritas partem da premissa de que a revista pessoal é ofensiva para o trabalhador. Por tudo que se disse até então, não se tem como concordar com o posicionamento externado nos referidos arestos.

Alguns Tribunais estão se dando conta disso, adotando posição mais permissiva. As ementas a seguir transcritas refletem esse ponto de vista, e têm levado em consideração os critérios referidos acima.

Começa-se pela distinção entre revista íntima e revista pessoal. Não há dúvida de que a revista íntima seja vedada, e que tal vedação se estenda aos empregados homens. Mas, para dar lastro à posição ora assumida, no sentido de entender possível a revista pessoal, com ponderação e razoabilidade, é fundamental distinguir *revista pessoal* e *revista íntima*. Busca-se o fundamento dessa distinção no julgado do Tribunal Regional do Trabalho da 3ª Região, cuja ementa segue abaixo transcrita:

> REVISTA ÍNTIMA — A revista pessoal de empregado é admitida como legítima quando a fiscalização mais rigorosa se apresente como meio de proteger o patrimônio do empregador, como preservação do mal do que tenha a ver com o próprio objeto da atividade econômica empreendida ou com a segurança interna da empresa. Ainda assim, a revista íntima é interditada ao empregador pelo art. 373-A da CLT [...] O zelo do empregador pela higiene das instalações sanitárias encontradas nos ambientes de trabalho não constitui fundamento suficiente para autorizar a revista íntima de empregada. Mesmo sendo encontradas as referidas instalações sujas de sangue, não se permite ao empregador, ou a seus prepostos, proceder à revista pessoal das empregadas, investigando peças íntimas por elas usadas, de molde a identificar quem se encontrava em período menstrual, objetivando atribuir-lhe responsabilidade pelo mau uso dos banheiros. (TRT 3ª Região, RO n. 6176/03, Proc. n. 01329-2002-39-00, Rel. Juiz Antônio Fernando Guimarães, DJMG de 4.6.2003)

A ementa abaixo retrata a possibilidade de realização da revista quando esta se mostra como ato rotineiro — ou seja, previamente estabelecido — desde que com fins preventivos, e não acusatório:[9]

> DANO MORAL — ESTABELECIMENTO COMERCIAL — CONFERÊNCIA DE MERCADORIA — ATO DE ROTINA — INDENIZAÇÃO INDEVIDA. Indenização por danos morais. Conferência de mercadoria à saída do estabelecimento comercial. Incabível a indenização se a conferência era considerada ato de rotina no estabelecimento, sendo feita em caráter preventivo e não a título de acusação. Recurso provido. (Ac. Do TR do JE CE mv — Rec. n. 321/96, Relª Juíza Huguette Braquehais — J. 18.11.96 — Recte.: Makro Atacadista S/A; Recdo.: Yurí Magalhães. — DJ CE 04.12.96, p. 5 — ementa oficial).

Já os arestos abaixo contemplam os critérios de que a revista seja procedida de modo reservado, por pessoas do mesmo sexo e que os revistados sejam escolhidos aleatoriamente:

> Responsabilidade Civil. Dano Moral, Contrato de Trabalho que prevê revista pessoal das operárias do setor de produção. Inocorrência de dano moral, dado que a revista pessoal é feita em cabines e sempre por funcionários do mesmo sexo do funcionário revistado [...]. Não configura dano moral a inspeção pessoal, *per si*, uma vez que se trata de expediente legítimo, corriqueiro até em determinados estabelecimentos industriais, adotado com prévio conhecimento dos empregados, estando essa legitimidade na observância dos procedimentos normais. Desenvolvidos com discrição e indiscriminadamente, preservando o devido respeito ao ser humano, não consistindo em ato abusivo. As revistas são realizadas por amostragem e só realizadas na área de produção e por isso dela estão excluídas as demais funcionárias. Não se vislumbra nessa medida um ato de opressão ou de constrangimento para as empregadas, mas sim prática necessária para evitar-se o desvio da produção. (MARANHÃO, Délio; SÜSSEKIND, Arnaldo; TEIXEIRA, Lima; VIANNA, Segadas. *Instituições de Direito do Trabalho*. 16. ed. São Paulo: LTr, 1996. v.1, p. 633)

---

[9] A conotação acusatória é vexatória e, portanto, vedada.

DANO MORAL — REVISTA PESSOAL — O que caracteriza dano moral ao empregado não é a simples conduta do empregador que procede à revista pessoal, mas a forma constrangedora com que isso ocorre, como no caso de ser feita em local visível à clientela. (TRT 12ª R. — RO-V 01474-2004-014-12-00-8 — (09840/2005) — Florianópolis — 1ª T. — Rel. Juiz Edson Mendes de Oliveira — J. 03.08.2005).

No mesmo sentido a ementa a seguir, destacando que esta ainda acresce a possibilidade de realização deste ato em estabelecimentos comerciais:

DANO MORAL — REVISTA DOS EMPREGADOS — Tratando-se de estabelecimento comercial, é justificável que a empresa utilize da revista em seus empregados, a fim de proteger seu patrimônio, desde que não empregue outros meios de vigilância. O ato de revistar se insere no âmbito do poder diretivo da empresa, mormente quando realizado em caráter geral, mediante sorteio, sem discriminação e sem abuso no exercício desta prerrogativa. Respeitadas a honra, a imagem, a privacidade e a dignidade dos empregados, não se pode falar em dano moral, razão pela qual andou bem a r. Sentença ao indeferir o pleito de indenização. (TRT 3ª R. — RO 00742-2004-109-03-00-6 — 5ª T. — Rel. Juiz Eduardo Augusto Lobato — DJMG 09.10.2004 — p. 12).

A ementa abaixo vai ainda mais além do que o que aqui foi proposto. Tem ela de peculiar o fato de que a empresa lida com substâncias que, se extrapolarem indevidamente os limites empresariais, podem acarretar um mal muito maior à sociedade do que aquele que seria causado ao empregado revistado. Em nome disto ela permite que essa revista se dê com o desnudamento do empregado:

REVISTA ÍNTIMA E NÃO CARACTERIZAÇÃO DE DANO MORAL. Dano moral — Revista de empregado — Empreendimento de medicamentos que inclui psicotrópicos. A utilização de microcâmeras e revista a empregados não se afiguram como erro de procedimento ou de conduta não são vedadas por lei e se compreendem dentro dos poderes diretivos do empregador, justificando-se a segunda forma de controle (revista) em face do objetivo social do empreendimento, a manipulação de medicamentos tóxicos ou psicotrópicos. O procedimento de revista praticado, respeitosamente, pela empresa, em nada palmilhando licenciosidade, visa patrimônio jurídico que por tal meio, e também pelas câmaras, é de muito maior relevo, monta e conta, estando a se proteger a própria sociedade — aí o bem jurídico e a coletividade, que orna dimensão metajurídica de alcance que faz, independente da vontade individual, esta submetendo-se àquela. A circunstância de, na revista, o obreiro ter de despir-se, não retrata violação da intimidade, ao tempo em que se tem que a pluralidade de medidas empresariais assentam-se exatamente sobre a excepcionalidade em que se envolve a atividade econômica exercida, e que é exigente de todos esses procedimentos e conduta como meios de ordinariedade condizentes com a peculiaridade e particularidade, pelo que timbram-se de normal para fazer correr o abuso de direito. A legitimidade de procedimento afasta a abusividade, donde não se pode falar em dano moral e respectiva reparação Indenizatória. Não se pode conceder antijuricidade nesse procedimento, o qual é reputado de exação e tem finalidade de proteção do núcleo social, este mesmo que é vitimado por incúrias ou inobservações e ou ainda por propósitos nada morais e corretos que se voltam, num alucinante e avassalador galope, à obtenção de resultados espúrios — o que induvidosamente tem a ver com a marcante divulgação que entroniza no cerne da temática a impunidade, trazendo a lembrança da feliz oração de grande político mineiro: *O PREÇO DA LIBERDADE É A ETERNA VIGILÂNCIA!* (Acórdão unânime da 1ª Turma do TRT da 3ª Região — RO 17.304/96 — Rel. Juiz Ricardo Antônio Mohallem — DJ MG de 9.10.1998, p. 4 — destaque do original).

Neste mesmo sentido, porém sem a mesma temerária liberalidade, decidiu o eminente Juiz do Trabalho do TRT da 5ª Região, Luciano Dorea Martinez Carreiro, ao lavrar sentença nos autos do processo, à época, sob o n. 01.19.01.0033-01. Veja-se:

DA INDENIZAÇÃO DECORRENTE DE DANO MORAL. Indefere-se o pedido, posto que não evidenciado dano moral. Não entendo como constrangedor, por si só, o ato de revista, eis que necessário à segurança do empreendimento. Caberia, assim, ao acionante demonstrar que a referida revista foi realizada de modo alvitante a ponto de ferir a sua intimidade e a dignidade, o que, convenhamos, não se demonstrou. Note que não foi produzida nenhuma prova neste sentido o indefiro, portanto o pedido de letra "e"...

Já o aresto seguinte sustenta que se harmonize a defesa do patrimônio empresarial com a dignidade do empregado, tal qual se sugeriu no item anterior. Mas o que ela apresenta de peculiar mesmo é a assertiva de que a intimidade do empregado sofre limitações inerentes à celebração do contrato de emprego:

REVISTA PESSOAL — PODER DIRETIVO DO EMPREGADOR — RESPEITO À EMINENTE DIGNIDADE HUMANA — Com suporte nos poderes de direção, disciplinamento e fiscalização da prestação de serviços, ante a ausência de legislação trabalhista à espécie, os empregadores costumeiramente utilizam-se das revistas pessoais nos seus empregados, durante o expediente, argumentando que estão em defesa de seu patrimônio, o que admitimos como correto. Porém, invariavelmente, alguns procedimentos de revistas extrapolam os limites de atuação e atingem a dignidade do ser humano trabalhador. Ora, a dignidade humana é um bem juridicamente tutelado, que deve ser preservado e prevalecer em detrimento do excesso de zelo de alguns maus empregadores com o seu patrimônio. O que é preciso o empregador conciliar, é seu legítimo interesse em defesa do patrimônio, ao lado do indispensável respeito à dignidade do trabalhador. A Constituição Federal (art. 5º, incisos V e X) e a legislação subconstitucional (art. 159 do Código Civil Brasileiro de 1916, vigente à época dos fatos) não autorizam esse tipo de agressão e asseguram ao trabalhador que sofrer condições vexaminosas a indenização por danos morais. Importante frisar, ainda, que a inserção do empregado no ambiente do trabalho não lhe retira os direitos da personalidade, dos quais o direito à intimidade constitui uma espécie. Não se discute que o empregado, ao ser submetido ao poder diretivo do empregador, sofre algumas limitações em seu direito à intimidade. O que é inadmissível, sim, é que a ação do empregador se amplie de maneira a ferir a dignidade da pessoa humana. (TRT 2ª R. — RO 01234200231102001 — 6ª T. — Rel. Juiz Valdir Florindo — DJSP 24.09.2004 — p. 31) JCF.5 JCCB.159.

Os arestos a seguir, todos do Tribunal Superior do Trabalho, confirmam a possibilidade aqui defendida[10]:

NÚMERO ÚNICO PROC: RR — 30748/2002-900-12-00
PUBLICAÇÃO: DJ — 26/05/2006
PROC. N. TST-RR-30748/2002-900-12-00.5
ACÓRDÃO
4ª Turma
JCMDN/EA
RECURSO DE REVISTA. DANO MORAL. EMPREGADO SUBMETIDO À REVISTA ÍNTIMA DENTRO DA EMPRESA. Indiscutível a garantia legal de o empregador poder fiscalizar seus empregados (CF/1988, art. 170, caput, incisos II e IV) na hora de saída do trabalho, contudo, a fiscalização deve dar-se mediante métodos razoáveis, de modo a não expor a pessoa a uma situação vexatória e humilhante, não submetendo o trabalhador à violação de sua intimidade (CF/1988, art. 5º, X). A colisão de princípios constitucionais em que de um lado encontra-se a livre-iniciativa (CF/1988, art. 170) e de outro a tutela aos direitos fundamentais

---

(10) As ementas oriundas do Tribunal Superior do Trabalho foram extraídas da página deste Tribunal na internet — <www.tst.gov.br>. A título ilustrativo, cabe referir que o posicionamento do TST acerca do tema ainda é dividido.

do cidadão (CF/1988, art. 5º, X) obriga o juiz do trabalho a sopesar os valores e interesses em jogo para fazer prevalecer o respeito à dignidade da pessoa humana. Recurso de revista conhecido e provido.
JUÍZA CONVOCADA MARIA DORALICE NOVAES
Relatora

PROC. N. TST-RR-250/2001-661-09-00.9
ACÓRDÃO
4ª Turma
JCJP/KL/ncp
REVISTA ROTINEIRA NA BOLSA E SACOLAS DE FUNCIONÁRIOS HORÁRIO DE SAÍDA DO TRABALHO LOCAL RESERVADO CARÁTER NÃO ABUSIVO NEM VEXATÓRIO AUSÊNCIA DE OFENSA À HONRA E DIGNIDADE DA PESSOA DANO MORAL INOCORRÊNCIA. A *revista* rotineira de bolsas e sacolas do *pessoal* da empresa, no horário de entrada e saída do serviço, constitui procedimento legítimo a ser utilizado pelo empregador como meio de proteção de seu patrimônio, ou como forma de tutela de sua integridade física e de seus *empregados*. Efetivamente, a maneira como realizada a *revista*, é que definirá a ocorrência ou não de dano moral. Nesse contexto, somente enseja o pagamento de indenização por dano moral, a *revista* em que o empregador extrapola o seu poder diretivo, mostrando-se abusiva, por constranger os *empregados*, colocando-os em situações de ultrajante, em frontal desrespeito à honra e à *intimidade* da pessoa humana. Na hipótese dos autos, segundo o quadro fático definido pelo Regional, não se pode considerar abusiva, nem vexatória, a *revista*, não ensejando, portanto, a condenação a indenização por dano moral, já que a *revista* foi realizada mediante o exame de sacolas e bolsas ao final do expediente, sem que o segurança sequer tocasse no *empregado*.
Recurso de *revista* conhecido e provido
JUIZ CONVOCADO JOSÉ ANTONIO PANCOTTI
Relator

Em recente apreciação acerca do direito constitucional à intimidade, num caso de revista pessoal, só que não na relação empregado-empregador, e sim numa relação cidadão e órgão público, o colendo Supremo Tribunal Federal, em acórdão da lavra do Ministro Gilmar Mendes, decidiu pela legalidade do procedimento em nome da segurança que este gerava:[11]

HC 84270/SP — SÃO PAULO
HABEAS CORPUS
Relator(a): Min.Gilmar Mendes
Julgamento 24/08/2004 — 2ª Turma — STF
Publicação DJ 24.09.2004 PP 00043 EMENT VOL — 02165-01 PP 00088
Paciente: Roosevelt de Souza Bormann
Impetrante: Roosevelt de Souza Bormann
Coator(a): Superior Tribunal de Justiça
EMENTA: *Habeas Corpus*. 2. Procedimento de revista pessoal nas unidades do Poder Judiciário de São Paulo. 3. Alegação de constrangimento ao exercício da profissão de advogado. 4. Ausência de ato ilegal ou abuso de poder. 5. Proporcionalidade no exercício do Poder de Polícia. 6. Ordem indeferida.[12]

---

(11) É certo que a decisão não avaliou o conflito aqui proposto, entre intimidade e propriedade, mas já demonstra que o procedimento de revista pessoal tende a ser tolerado quando, em choque com outro direito, este último se mostre mais relevante. Por isso, essa posição coincide com a do presente estudo.
(12) Ementa extraída da página do Supremo Tribunal Federal na internet — <www.stf.gov.br>.

O precedente abaixo, com o qual se encerra este capítulo, é oriundo também do Excelso Supremo Tribunal Federal. Trata-se de acórdão em sede de Agravo Regimental, proferido pelo Ministro Moreira Alves. Malgrado se trate de recurso em que normalmente não se adentra as questões de fundo, o relator, contudo, houve por bem analisá-la ainda que superficialmente. É digno de nota que se trata de procedimento em fábricas de lingerie, o qual, necessariamente, exige desnudamento, ainda que parcial, do revistado, ou seja, posição mais arrojada do que a defendida neste livro. O STF não só concorda com o procedimento, como diz que o mesmo está respaldado pela observância de características idênticas às que se defendeu acima:

AI 220459 AgR / RJ — RIO DE JANEIRO
AG.REG.NO AGRAVO DE INSTRUMENTO
Relator(a): Min. MOREIRA ALVES
Julgamento: 28.09.1999   Órgão Julgador: Primeira Turma
Publicação DJ 29-10-1999 PP-00004   EMENT VOL-01969-03 PP-00611
Parte(s)
AGTES.: ADRIANA PICANÇO DUTRA
ADVDOS.: LEONARDO ORSINI DE CASTRO AMARANTE E OUTROS
AGDAS.: DE MILLUS S/A INDÚSTRIA E COMÉRCIO
Ementa
EMENTA: — Agravo regimental. Revista pessoal em indústrias de roupas íntimas. — Inexistência, no caso, de ofensa aos incisos II, III, LVII e X do art. 5º da Constituição. Agravo a que se nega provimento.
PARTE DO VOTO DO RELATOR
1. Tratando-se de recurso extraordinário não se pode reexaminar a matéria de fato fixada no acórdão recorrido que, no caso, afirma que não foi provado ato ofensivo à honra de qualquer das recorrentes, nem que houve ação culposa e danosa à integridade física e moral das interessadas na lide.
Assim sendo, está correto o acórdão recorrido ao salientar que a revista em causa "não deve ser rotulada de deprimente, aprioristicamente, se colocada em pratica com resguardo dos atributos da dignidade da pessoa, sem constrangimentos, mas, de modo previamente divulgado e aprovado pelo empregado da empresa. Tal conduta, quando processada segundo os padrões éticos, com discrição, privacidade, respeitando e preservando a essência dos valores morais do ser humano, não deve ser, só por si, chamada de afrontosa ou agressiva à dignidade humana". Em razão disso, não há as alegadas ofensas aos incisos II, III, LVII e X do art. 5º, da Constituição, porque essas revistas pessoais, dada a natureza dos produtos fabricados pelas agravadas e feitas por amostragem, não infringem, só por si, os valores consagrados nesses dispositivos constitucionais para dar margem a danos morais.

CONCLUSÃO

1. A teoria do abuso de direito desenvolveu-se a partir da jurisprudência francesa e incorporou-se aos mais variados ordenamentos jurídicos, dentre eles o brasileiro. Os artigos que regulam o abuso de direito no Código Civil brasileiro de 2002 têm plena aplicabilidade no Direito do Trabalho, seja em face da omissão do texto da Consolidação das Leis do Trabalho, seja do quanto contido no art. 8º da própria CLT. As hipóteses de exercício inadmissível das posições jurídicas nas relações de emprego podem partir dos empregadores, mas também dos empregados.

2. Mesmo os direitos fundamentais, aqueles que, em um determinado momento histórico, garantem ao cidadão os direitos de igualdade, liberdade, cidadania e justiça, tudo isso fundamentado no reconhecimento da dignidade da pessoa humana, podem ser passíveis de exercício abusivo. A dignidade, por sua vez, é uma criação que não pertence ao direito, pois trata-se de uma concepção, um valor, que encontra suas raízes na Doutrina Cristã do Evangelho, que difundiu a ideia do homem como ser criado à imagem e semelhança de Deus, e que veio a ser difundida, posteriormente, pelas ideias humanistas desde o período renascentista, atingindo seu ápice com o movimento iluminista, que teve em Kant seu mais expressivo representante, sendo dele a autoria da expressão no sentido de que o homem não é um meio para se atingir determinado fim, mas um fim em si mesmo, pelo que não tem preço, e sim dignidade.

3. Malgrado não tenha sido uma criação do direito, foi preciso o reconhecimento jurídico da dignidade com um princípio a ser seguido, para que se criasse uma atmosfera de respeito ao ser humano. Esse processo iniciou-se com a criação de uma ordem internacional através da Declaração dos Direitos do Homem e do Cidadão, que, não por acaso, foi firmada em 1948, exatamente após o mundo ter vivenciado os horrores da Segunda Guerra Mundial.

4. Esse caráter de valor da dignidade, com a sua inserção nos ordenamentos jurídicos, mais precisamente nas Constituições, fez que surgisse um princípio jurídico da dignidade, que, no entanto, não se apresenta com um conceito unívoco, fixo. Como a dignidade pode se apresentar de modo diferenciado para cada uma das pessoas, este conceito é aberto, já que precisa ser suficientemente poroso a ponto de permitir que se contemplem os mais variados valores, ainda mais em

sociedades plurais como a brasileira. Só um conceito aberto é capaz de atender aos anseios de todos os cidadãos, privilegiando e respeitando suas diferenças.

5. Os direitos fundamentais, apesar de concebidos para proteger o cidadão em face do poder estatal, inserem-se, do mesmo modo, na relação cidadão-cidadão, ou seja, nas relações particulares. Esse movimento, que se tem chamado de efetivação dos direitos fundamentais, busca que entre os homens haja uma igualdade em concreto, e não em abstrato. O problema está, exatamente, no modo como se dá essa inserção dos direitos fundamentais nas relações privadas, porque no caso da relação Estado-cidadão, a solução é a simples abstenção do Estado e o respeito à garantia individual. É que na relação cidadão-cidadão se estabelecerá um conflito entre direitos de particulares. Pior ainda quando esses direitos em choque numa relação privada forem, ambos, fundamentais. A omissão ou absenteísmo que se pregou para o Estado não pode se repetir na relação entre particulares, pois isso implicará a renúncia a um desses direitos.

6. A solução nesses casos está na técnica da ponderação de interesses, de modo a que direitos em choque possam ceder numa dada situação, sem, contudo, abandonar seus titulares, pois com estes permanecerão e, numa outra situação que se apresente, voltarão a ser exercidos e podem prevalecer. A ponderação de interesses materializa a incidência do princípio da proporcionalidade. Para adoção desta técnica deve-se, de início, identificar se se está diante de uma colisão efetiva, pois as aparentes se resolvem com a simples subsunção dos fatos às normas. Verificado o conflito efetivo, parte-se para a análise das circunstâncias fáticas envolvidas, aferindo-se como elas podem influenciar na decisão. Por fim, realiza-se o processo de sopesar os direitos — no caso, garantias constitucionais — em choque. É nesse instante que se busca, inicialmente, harmonizar os princípios litigantes e, superada essa tentativa, faz-se a escolha pelo princípio que deve prevalecer, verificando, no caso concreto, se ele atinge o fim pretendido (adequação). Depois, verifica-se se a solução adotada era a única possível para se atingir o fim, ou se existe outro meio que satisfaça minimamente o fim, sem sacrificar tanto o direito fundamental preterido (necessidade). Por fim, sopesa-se o fim atingido, demonstrando que esse é superior ao direito que restou sacrificado (proporcionalidade em sentido estrito).

7. Com isso, cumpre-se a possibilidade de preservar ao máximo a unicidade e dialeticidade que marcam o sistema constitucional. O melhor caminho a seguir é a baliza da dignidade da pessoa humana, mas, mesmo a dignidade pode ser preterida pela dignidade alheia. Por isso, ainda que os titulares de direitos fundamentais preteridos em processo de colisão se escorem na dignidade da pessoa humana como princípio absoluto, para dizer que esta foi corrompida na ponderação, deve--se considerar que do outro lado está a dignidade de outro titular de direito e, portanto, a defesa irrestrita desse princípio pode implicar a violação dele próprio.

8. Com essas considerações, chega-se a mais uma conclusão: não resta dúvida de que se pode caracterizar o abuso de direitos fundamentais. Esses direitos formam um sistema uno, indivisível e interdependente. Por possuírem essa função social, de garantia dessas características ao sistema em que estão inseridos, o exercício ilimitado de um desses direitos quebra essa harmonia do sistema e, nesse instante, tipifica o exercício abusivo. Essa harmonia, garantida pela função social dos direitos fundamentais, permite que esses direitos sejam preservados e, em última análise, que a dignidade de todos seja respeitada. Mesmo a dignidade da pessoa humana tem uma função social — critério para integração da ordem constitucional e meio de defesa de todos os titulares de direitos fundamentais — pelo que dela, também, se pode abusar.

9. Os direitos fundamentais acompanham o empregado, e com ele seguem por toda a relação de emprego. Não resta dúvida, contudo, que seu exercício encontra limites próprios da condição de empregado — o empregado não pode exercê-los tal qual o faz em outros setores da vida social. Esses limites restam estabelecidos pelas figuras conexas da subordinação e do poder diretivo do empregador. Defender a inexistência desses limites é atentar contra a própria essência do contrato de emprego, que não pode ser considerado sem que se leve em conta as figuras conexas acima referidas. O contrato de emprego investe o empregador de poderes para comandar as ações dos seus empregados dentro do ambiente empresarial. Esse poder é outorgado pelo empregado no ato da celebração do contrato de emprego, e justifica-se no fato de que o empregador assume integral e exclusivamente os riscos do seu negócio.

10. Em contrapartida, o empregado é a única categoria de prestador de serviço que goza de um sistema remuneratório diferenciado — privilegiado —, onde, além de receber em diversas oportunidades sem que tenha prestado serviço (faltas justificadas, férias, gratificações natalinas), não assume os riscos do negócio e tem seu pagamento garantido em qualquer circunstância. É por isso que ele opta por ser empregado, ao invés de se manter na informalidade. E nesse instante ele gera uma confiança na contraparte — empregador — de que seguirá as diretrizes que lhe forem impostas — assume deveres de colaboração com a instituição.

11. O empregado pode abusar de seus direitos fundamentais, dentro do ambiente empresarial, quando os exerce violando a confiança que a contraparte nele depositou — violando a boa-fé objetiva — e, também, descumprindo os deveres assumidos no ato da contratação. Ou quando exerce esses direitos ilimitadamente, atentando contra os direitos fundamentais do seu empregador e dos demais empregados — quebrando a harmonia do sistema de direitos fundamentais. Neste último caso, esse exercício individual entra em choque com direitos de muitas pessoas envolvidas na estrutura empresarial, que, por sua vez, mostram-se socialmente mais adequados. Nessas hipóteses, o direito individual cede ante o direito de toda uma coletividade, em face dessa conveniência social.

12. Esse abuso de direito pode se dar, também, quando o empregado exerce seu direito fundamental à intimidade. A intimidade difere da vida privada porque, enquanto esta se refere a uma esfera mais ampla, da qual fazem parte familiares, amigos, tomando conhecimento de algumas particulares de alguém, aquela diz respeito a uma zona mais reservada, recôndita, da pessoa, que só a ela diz respeito e só a ela é dado conhecer. A diferença entre ambas, que para alguns não existe, acabou sendo consagrada na atual Carta Magna que, em seu art. 5º, X, disciplina separadamente esses direitos.

13. O ponto central a ser explorado no que se refere a esses direitos está na possibilidade de estes serem cedidos pelos seus titulares. Essa cessão não implica que seus titulares deles se despojem, até porque isso é impossível diante do fato de fazerem parte da personalidade do homem. A cessão limitada do uso destes, contudo, é possível. Diz-se, assim, que eles são relativamente disponíveis, bastando que seus titulares estejam dispostos a ceder o uso dos mesmos. É fácil se perceber essa cessão, quando se vê alguém dispor do uso de seu nome, de sua imagem. Se isso é possível, também o é a cessão do uso da intimidade, que o digam os programas televisivos do gênero *reality show*.

14. Se se verificou a possibilidade de cessão do uso de direitos da personalidade pelo seu titular, tal se admite quando este titular é o empregado e a pessoa a quem ele cederá o uso é o seu empregador. A evolução pela qual passou o trabalho e, principalmente, a inserção dos avanços tecnológicos nessa relação fizeram que aumentasse o controle das atividades dos empregados pelos empregadores. Aliado a isso, tem-se que todo cidadão goza de uma esfera privada e outra pública na vida, e que a atividade profissional se insere nesta última. Mesmo assim, a intimidade acompanha o cidadão enquanto empregado, mas é certo que ela sofre limitações próprias desse estado.

15. No ato da celebração do contrato de emprego e, portanto, quando o empregado aceita submeter-se ao estado de subordinação, cedendo diante do poder diretivo do empregador, ele cede o uso da sua intimidade, quando isso se mostrar necessário à manutenção da atividade empresarial, quando isso se mostrar imprescindível para a preservação da empresa. Essa cessão relativa do uso visa à preservação do ente empresarial, que, em última análise, garante a manutenção da empresa e com ela a de diversos postos de trabalho. Assim garante-se a dignidade do proprietário da empresa e dos demais empregados. Essa cessão permitirá que se faça um controle das atividades do empregado, em prol da defesa do patrimônio empresarial, sem o que não se atingirá o fim ora referido.

16. Essa cessão se dá no ato da contratação. Quando cede esse uso, de modo temporário e relativo, o empregado pratica um ato que gera confiança na contraparte e, na medida em que exerce esse direito à intimidade de modo irrestrito, o empregado afronta essa confiança que ele próprio gerou — *venire contra factum*

proprium. Ele afronta, ainda, a boa-fé objetiva, pois, ao agir assim, viola os deveres que assumiu no ato da contratação. Está, nesse momento, exercendo seu direito de modo abusivo. Alie-se a isso a afronta à função social dos direitos fundamentais, pois a defesa individual irrestrita de um direito fundamental quebra a unicidade do sistema e afronta os direitos fundamentais de todos os demais envolvidos — empregador e demais empregados.

17. A preservação do ente empresarial justifica-se em face da defesa do direito de propriedade pelo empregador. Nesse instante, ganha destaque a função social da propriedade empresarial e, notadamente, a da empresa. Esta função social da empresa ou da propriedade empresarial atribui a esta a possibilidade de ser uma criadora de direitos, na medida em que a ela se concedeu a dádiva de gerar empregos. Esse papel de criador de empregos leva a que a função social da empresa se constitua, ainda, como fator determinante para manter hígidos os fundamentos da nossa República, pois é ela uma geradora de dignidade para aqueles que emprega e é, ainda, uma importante mantenedora dos valores sociais do trabalho e da livre--iniciativa. Essa função social permite, também, que a propriedade empresarial efetive a ordem econômica constitucional.

18. É essa outra faceta da função social da propriedade que se precisou enaltecer, pois ela justificará que esse direito possa colidir, e por vezes superar, o direito à intimidade. Admitir-se que a propriedade deva sempre ceder à intimidade é atentar contra todas as garantias constitucionais que a propriedade e sua função encerram. A defesa do direito de propriedade pelo empregador afina-se com a ordem econômica constitucional e encontra eco na dignidade da pessoa humana, nos valores sociais do trabalho e da livre-iniciativa, na construção de uma sociedade livre, justa e solidária.

19. Argumenta-se ainda, em reforço, que à empresa deve ser garantida e preservada, sempre que possível, sua honra e imagem, na medida em que os direitos da personalidade, no que couber, se estendem às pessoas jurídicas. Nada custa mais para uma empresa do que a formação de uma boa imagem.

20. Estabelecidas as premissas e partindo-se para o conflito propriamente dito, tem-se que inúmeras situações colocarão em choque os direitos de propriedade e de intimidade. Nas relações de emprego, esses conflitos se acentuarão e se tornarão efetivos. Contudo, o caso que expõe visceralmente esse choque é a revista pessoal de empregado. E, nesse instante, entram em ação duas ferramentas essenciais para solucionar esse embate: a ponderação de interesses, materializada pela incidência do princípio da proporcionalidade, e a incidência da razoabilidade.

21. O estado de inferioridade do empregado seduz o leitor a imaginar que, em regra, a intimidade deve prevalecer e as revistas não devem ser permitidas. Mas não se pode negar a defesa do direito de propriedade pelo empresário, diante

das irradiações positivas encetadas por ela. Para se permitir essa defesa, contudo, deve-se ater a um binômio proposto: que a defesa seja legítima, ou seja, que ela atenda a um interesse coletivo, e não a um mero capricho do empresário; que a restrição proposta ao direito fundamental do empregado se mostre indispensável para essa defesa. O direito fundamental do empregado deve ceder quando isso preencher as condições de adequação, necessidade e ponderação. Só assim atingir-se-á o equilíbrio entre o exercício desses direitos e, como consequência, garantir-se-á que o contrato de emprego em análise continue a ser regido pela batuta da subordinação e do poder diretivo do empregador.

22. A defesa da propriedade através da revista pessoal deve ser legítima, ou seja, deve encontrar uma justificativa para a sua realização, não se configurando um mero capricho do empregador, e deve ser o único meio possível de ser utilizado. A legitimidade pode ser aferida com a análise dos direitos que a manutenção da empresa traz consigo, bem como pelo fato de que a lei só veda a revista íntima, restando permitida a revista pessoal. A investigação da imprescindibilidade passa pela análise da fixação de alguns dos critérios para a realização da revista.

23. Os critérios sugeridos para a realização da revista são os seguintes: que esta se dê dentro do organismo empresarial, em local reservado e próprio para a sua realização; deve ser realizada na entrada e na saída da empresa e, em casos excepcionais, também ao longo da jornada de trabalho; deve se dar com um número significativo de empregados, integrantes de todos os cargos, independentemente da hierarquia, e esses devem ser sorteados aleatoriamente, sorteio este que deve ser feito na presença de todos; só deve ocorrer naquelas empresas que lidam com bens passíveis de subtração ou ocultação; deve ser o único meio possível de detectar a subtração ou ocultação de todos ou de alguns produtos; deve ser realizada por pessoas do mesmo sexo e sem o desnudamento completo ou parcial do revistado, sendo possível, em alguns casos, que o empregado seja apalpado de modo respeitoso e sem conotação libidinosa; o exame deve ser rápido e superficial, evitando-se uma situação constrangedora para o revistado; deve, por fim, estar prevista em contrato.

24. Fixados esses critérios, na medida em que o empregado insiste em exercer o seu direito à intimidade, está ele abusando dessa prerrogativa. Abusa porque, com isso, quebra a confiança que gerou na contraparte, já que, tão logo assina o contrato de emprego, concorda em ceder temporariamente o uso da sua intimidade. Fere, assim, a boa-fé objetiva. O empregado cede o uso da sua intimidade em prol de manter íntegro o estado de subordinação a que se submete; de respeitar o exercício do poder diretivo do empregador; de permitir a manutenção do patrimônio e, portanto, da entidade empresarial e dos postos de trabalho que ela gerou; de exercer os deveres de colaboração assumidos quando da sua contratação.

25. Esse exercício do direito à intimidade, quando preenchidas as condições defendidas, mostra-se abusivo, ainda, porque implica impedir que outros titulares exerçam os seus direitos fundamentais, pelo que desatende a função social dos direitos fundamentais, que implica permitir a unicidade e dialeticidade do sistema que os concebeu, o que fere, também, a dignidade daqueles que se veem preteridos de exercer os seus direitos. E defender esse direito à intimidade escorado na dignidade da pessoa humana fere, ainda, a função social que essa dignidade traz consigo, já que ofende a dignidade alheia.

REFERÊNCIAS

ALEXY, Robert. *Teoría de los derechos fundamentales*. Madrid: Centro de Estudios Políticos y Constitucionales, 2002.

ALMEIDA, Cléber Lúcio de. *Abuso do direito no processo do trabalho*. Belo Horizonte: Inpedita, 2000.

AMARAL, Francisco. *Os atos ilícitos* — o novo código civil, estudos em homenagem ao prof. Miguel Reale. São Paulo: LTr, 2002.

ÁVILA, Humberto. *Teoria dos princípios da definição à aplicação dos princípios jurídicos*. São Paulo: Malheiros, 2004.

BAAMONDE, Maria Emilia Casas. Evolución constitucional y derecho del trabajo. In: PEDRAJAS MORENO, Abdón (Dir.). *Puntos críticos interdisciplinarios em las relaciones laborales*. Valladolid: Lex Nova, 2000.

BARACAT, Eduardo Milléo. *A boa-fé no direito individual do trabalho*. São Paulo: LTr, 2003.

BARROS, Alice Monteiro de. *Proteção à intimidade do empregado*. São Paulo: LTr, 1997.

BARROSO, Luis Roberto. Colisão entre liberdade de expressão e direitos da personalidade. Critérios de ponderação. Interpretação constitucionalmente adequada ao código civil e da lei de imprensa. In: TAVARES, André; MENDES, Gilmar Ferreira; MARTINS, Ives Gandra da Silva (Coord.). *Lições de direito constitucional em homenagem ao jurista Celso Bastos*. São Paulo: Saraiva, 2005.

BASTOS, Celso Ribeiro. *Curso de direito constitucional*. São Paulo: Saraiva, 1998.

BELMONTE, Alexandre Agra. *O monitoramento da correspondência eletrônica nas relações de trabalho*. São Paulo: LTr, 2004.

BOAVENTURA, Edivaldo M. *Metodologia da pesquisa*. São Paulo: Atlas, 2004.

BONAVIDES, Paulo. *Curso de direito constitucional*. São Paulo: Malheiros, 1996.

BORGES, Roxana Cardoso Brasileiro. *Disponibilidade dos direitos de personalidade e autonomia privada*. São Paulo: Saraiva, 2005.

BRASIL. *Consolidação das Leis do Trabalho*. São Paulo: Saraiva, 2003.

BRASIL. *Constituição Federal, Código Civil e Código de Processo Civil*. São Paulo: Revista dos Tribunais, 2003.

BRASIL. TST. Disponível em: <www.tst.gov.br> Acesso em: 2006.

CANOTILHO, José Joaquim Gomes. *Direito constitucional*. 6. ed. Coimbra: Almedina, 1996.

CARREIRO, Luciano Dórea Martinez. Colisão entre direitos fundamentais no controle da atuação laboral: intimidade e vida provada *versus* propriedade e segurança. In: *Revista do Programa de Pós-Graduação em Direito da UFBA*, n. 11, Salvador, Edufba, 2004.

CASTRO, Mônica Neves Aguiar da Silva. *Honra, imagem, vida privada e intimidade, em colisão com outros direitos*. Rio de Janeiro: Renovar, 2002.

CAUPERS, João. *Os direitos fundamentais dos trabalhadores e a Constituição*. Lisboa: Almedina, 1985.

COELHO, Fábio Ulhoa. *Curso de direito civil*. São Paulo: Saraiva, 2003. v. 1.

CORDEIRO, Antonio Manuel da Rocha e Menezes. *Da boa fé no direito civil*. Coimbra: Almedina, 1984.

DELGADO, Mauricio Godinho. Princípios constitucionais da dignidade da pessoa humana e da proporcionalidade. In: *Revista Síntese Trabalhista*, Ano XVI, n. 186, Síntese, Porto Alegre, 2004.

DICIONÁRIO HOUAISS DA LÍNGUA PORTUGUESA. Rio de Janeiro: Objetiva, 2001.

DINIZ, Maria Helena. *Curso de direito civil brasileiro, direito das coisas*. São Paulo: Saraiva, 2002.

FACHIN, Luiz Edson. *Teoria crítica do direito civil*. Rio de Janeiro: Renovar, 2003.

GAGLIANO, Pablo Stolze; PAMPLONA FILHO, Rodolfo. *Novo curso de direito civil* – Parte geral. São Paulo: Saraiva, 2002. v. 1.

GIL, Antonio Carlos. *Como elaborar projetos de pesquisa*. São Paulo: Atlas, 2002.

GOMES, Orlando. *Introdução ao direito civil*. Rio de Janeiro: Forense, 1989.

_____. *Ensaios de direito civil e de direito do trabalho*. Rio de Janeiro: Aide, 1986.

_____. *A reforma do código civil*. Salvador: Publicações da Universidade da Bahia, 1965.

GOTTSCHALK, Egon Félix. *Norma pública e privada no direito do trabalho*. São Paulo: LTr, 1995.

GRAU, Eros Roberto. *A ordem econômica na Constituição de 1988*. 3. ed. São Paulo: Malheiros, 1997.

LOTUFO, Renan. *Código civil comentado* – Parte Geral. São Paulo: Saraiva, 2003. v. 1.

LUNA, Everardo da Cunha. *Abuso de direito*. Rio de Janeiro: Forense, 1959.

MARTINS, Pedro Baptista. *O abuso do direito e o ato ilícito*. Rio de Janeiro: Freitas Bastos, 1941.

MARX, Karl. *O capital*. Tradução de: Reginaldo Sant'Anna. 11. ed. São Paulo: Bertrand Brasil, 1987. v. 1.

MEIRELLES, Edilton. *Abuso do direito na relação de emprego*. São Paulo: LTr, 2005.

MELLO, Celso Antonio Bandeira de. Novos aspectos da função social da propriedade. In: *Revista de Direito Público*, São Paulo, Revista dos Tribunais, 1987.

MENDES, Gilmar Ferreira. *Direitos fundamentais e controle de constitucionalidade*. São Paulo: Celso Bastos, 1999.

MIRANDA, Pontes de. *Tratado de direito privado* – Parte Geral. Campinas: Bookseller, 2000. t. 2.

MONTEIRO, Washington de Barros. *Curso de direito civil*. São Paulo: Saraiva, 1987.

NERY JÚNIOR, Nelson; NERY, Rosa Maria Andrade. *Novo código civil e legislação extravagante anotados*. São Paulo: Revista dos Tribunais, 2002.

OLIVEIRA, Magno Gomes. *A função social da propriedade*. Disponível em: <www.pgm.fortaleza.ce.gov.br> Acesso em: 2006.

ORMAETXEA, Edurne Terradillos. *Princípio de proporcionalidad, constituición y derecho del trabajo*. Valencia: Tirant Lo Blanch, 2004.

PAMPLONA FILHO, Rodolfo. *O dano moral na relação de emprego*. 3. ed. São Paulo: LTr, 2002.

PEREIRA, Caio Mário da Silva. *Instituições de direito civil*. Rio de Janeiro: Forense, 1999.

PINTO, José Augusto Rodrigues. *Curso de direito individual do trabalho*. 5. ed. São Paulo: LTr, 2003.

PLÁ RODRIGUEZ, Américo. *Princípios de direito do trabalho*. 3. ed. São Paulo: LTr, 2001.

RAMALHO, Maria do Rosário Palma. *Do fundamento do poder disciplinar laboral*. Coimbra: Almedina, 1993.

RODRIGUES, Silvio. *Direito civil* — parte geral. São Paulo: Saraiva, 1998.

_____. *Direito civil*. São Paulo: Saraiva, 2002. v. 4.

ROMITA, Arion Sayão. *Direitos fundamentais nas relações de trabalho*. São Paulo: LTr, 2005.

RUGGIERO, Roberto de. *Instituições de direito civil*. Campinas: Bookseller, 1999. v. 2.

SÁ, Fernando Augusto Cunha de. *Abuso do direito*. Lisboa: Almedina, 1997.

SARMENTO, Daniel. *A ponderação de interesses na Constituição Federal*. Rio de Janeiro: Lumen Juris, 2003.

_____. *Direitos fundamentais e relações privadas*. Rio de Janeiro: Lumen Juris, 2004.

SILVA, Guilherme Amorim Campos da. Sistema constitucional dos direitos fundamentais. In: TAVARES, André; MENDES, Gilmar Ferreira; MARTINS, Ives Gandra da Silva (Coords.). *Lições de direito constitucional em homenagem ao jurista Celso Bastos*. São Paulo: Saraiva, 2005.

SILVA, José Afonso da. *Comentário contextual à Constituição*. São Paulo: Malheiros, 2005.

SILVA, Luis de Pinho Pedreira. *A reparação do dano moral no direito do trabalho*. São Paulo: LTr, 2004.

_____. *Principiologia do direito do trabalho*. São Paulo: LTr, 1997.

SILVA NETO, Manoel Jorge e. *Direitos fundamentais e o contrato de trabalho*. São Paulo: LTr, 2005.

SIMÓN, Sandra Lia. *A proteção constitucional da intimidade e da vida privada do empregado*. São Paulo: LTr, 2000.

STF. Disponível em: <www.stf.gov.br> Acesso em: 2006.

STJ. Disponível em: <www.stj.gov.br> Acesso em: 2006.

STOCO, Rui. *Abuso do direito e má-fé processual*. São Paulo: Revista dos Tribunais, 2002.

SÜSSEKIND, Arnaldo. *Direito constitucional do trabalho*. Rio de Janeiro: Renovar, 1999.

SÜSSEKIND, Arnaldo; VIANNA, Segadas; MARANHÃO, Délio; TEIXEIRA, Lima. *Instituições de direito do trabalho*. 16. ed. São Paulo: LTr, 1996. v. 1.

THEODORO JÚNIOR, Humberto. *O contrato e sua função social*. Rio de Janeiro: Forense, 2003.

VENOSA, Sílvio de Salvo. *Direito civil* — parte geral. São Paulo: Atlas, 2002.

_____. *Direitos reais, direito civil*. 3. ed. São Paulo: Atlas, 2003.

Produção Gráfica e Editoração Eletrônica: **RLUX**
Projeto de Capa: **FÁBIO GIGLIO**
Impressão: **PIMENTA GRÁFICA EDITORA**

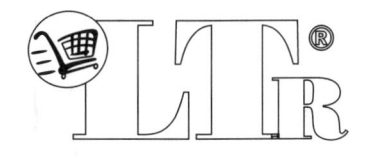

LOJA VIRTUAL	BIBLIOTECA DIGITAL	E-BOOKS
www.ltr.com.br	www.ltrdigital.com.br	www.ltr.com.br